爱出一个
好宝贝

修订版

桐桐妈 著

华东师范大学出版社

图书在版编目(CIP)数据

爱出一个好宝贝(修订版)/桐桐妈著.—修订本.—上海:华东师范大学出版社,2017
 ISBN 978-7-5675-7245-4

Ⅰ.①爱… Ⅱ.①桐… Ⅲ.①儿童教育-家庭教育
Ⅳ.①G782

中国版本图书馆CIP数据核字(2017)第296866号

爱出一个好宝贝(修订版)

著　者	桐桐妈
项目编辑	彭呈军
特约审读	李　莎
责任校对	孙祖安
装帧设计	卢晓红

出版发行	华东师范大学出版社
社　址	上海市中山北路3663号 邮编 200062
网　址	www.ecnupress.com.cn
电　话	021-60821666 行政传真 021-62572105
客服电话	021-62865537 门市(邮购)电话 021-62869887
地　址	上海市中山北路3663号华东师范大学校内先锋路口
网　店	http://hdsdcbs.tmall.com

印刷者	常熟高专印刷有限公司
开　本	787×1092 16开
印　张	13.25
字　数	153千字
版　次	2018年3月第1版
印　次	2018年3月第1次
书　号	ISBN 978-7-5675-7245-4/G·10812
定　价	32.00元

出版人　王　焰

(如发现本版图书有印订质量问题,请寄回本社客服中心调换或电话021-62865537联系)

谨以此书,献给

一个不愿透露姓名的朋友,感恩 TA 的鞭策和鼓励让我遇见了更好的自己。

目录

修订自序 / 1

第一章　端正教养观，给孩子科学的爱 / 1
　　教养应是一个轻松的旅程 / 2
　　孩子，最好还是自己带 / 5
　　教养，不必强求观念的统一 / 7
　　教养不需要绝对民主 / 10
　　别把孩子养得太乖 / 12
　　放手，不仅关乎孩子的生存能力 / 16
　　爱孩子，就要舍得用她 / 18

第二章　尊重与接纳，给孩子无条件的爱 / 21
　　陪孩子经历成长痛 / 22
　　尊重孩子的所有权 / 26
　　接纳孩子的负性情绪 / 28
　　给孩子自己动手的机会 / 32
　　给孩子做他自己的机会 / 38
　　为什么我很少写女儿的缺点或错误？/ 41

第三章　了解孩子，让爱更美好 / 45
　　孩子吃手背后的"真相" / 46
　　"尿娃娃"不懂脏 / 48
　　黏人不是坏习惯 / 50

宝宝咬人为哪般 / 53
尊重孩子的自言自语 / 57
理性看待孩子的"小气" / 59
不可忽视的秩序感 / 63
孩子嘴硬，事出有因 / 68
"贪心不足"背后的心理真相 / 72
孩子说谎那些事儿 / 74
莫把"审美"当"臭美" / 77
孩子传达烦恼的 N 种方式 / 81

第四章 爱子有方，学无止境 / 85
让宝贝快乐成长的"秘密" / 86
敏感期如何把握自由的度？ / 88
赞美的误区及应该秉持的原则 / 91
惩罚可以有，方法很重要 / 94
别用"收回爱"威慑孩子 / 96
有时候，闭嘴才是更好的陪伴 / 100
给予的智慧 / 102
帮孩子克服心理的恐惧 / 104
为什么唠叨很难产生教育效果？ / 108
慎选伙伴父母有责 / 110
培养孩子的自控力 / 113
支持孩子兴趣，不怕"半途而废"！ / 116
学会向孩子示弱 / 117
今天，你"照镜子"了吗？ / 120

第五章 "细节"里的"大爱" / 124
不可忽视的"再见"环节 / 125
可以不分享 / 126

做个"馋"妈妈 / 128
孩子,你做的事不是你 / 130
不为别人的错误负责 / 134
给孩子创造宣泄的机会 / 136
做个"大惊小怪"的妈妈 / 138
本领给你自由 / 139
给孩子一个美好的"雨天" / 142
爱你的人也会犯错误 / 144

第六章 爱孩子,也是父母的修行 / 147
    育儿先育己 / 148
    孩子"问题",父母"制造" / 150
    不对孩子乱发脾气 / 153
    教养何以应是一场修行 / 156
    欣赏的力量 / 159
    摆平内心的恐惧 / 160
    做内心强大的父母 / 164
    正确面对内心的控制欲 / 166

附录 / 170
    附一:桐桐妈育儿观 / 170
    附二:说说我的"育儿经" / 171
    附三:写给女儿的人生忠告 / 177
    附四:陪你这样成长 / 180
    附五:无意培养"天才" / 185
    附六:接受《健康准妈妈》的采访 / 188
    附七:接受《亲子》采访 / 192
    附八:接受《亲子-Of mom》采访 / 196

修订自序

《爱出一个好宝贝》，是我的第一本育儿专著。当时多家出版社联系我出书的时候，女儿桐桐才两岁多，育儿手记才积累了不到 100 万字，给杂志的供稿量才 40 余篇，可以想象，那时我的理论与经验积累是何等不足，然而，大约是无知者无畏的缘故，我竟飘飘然地答应了一份出版邀请，并利用一年多的时间，整理出了一部自己还算满意的书稿，2010 年 8 月，《爱出一个好宝贝》顺利上市。

感恩读者的宽容和支持，这本书出版后销量一直不错，先后有一年多的时间，都在"当当"和"卓越"的畅销榜上浮动，良好的销量给我带来了更多的机会，前来找我出版和供稿的编辑越来越多，虽然我先后只答应了两份出版邀请，给杂志的供稿量现在也就是 500 余篇，但"专家"的光环带来了沉甸甸的责任，让我在这个领域的思考再也不敢懈怠，再加上女儿渐渐从两岁长到现在的十岁，教养经验的积累也让我有了更接地气的思考，以至于后来每次回头看这本《爱出一个好宝贝》，都愈加发现它的稚拙。好在由于一系列的原因，大约两年多前，这本书就脱销了，出版方也没有加印过，这个决定让我感到窃喜——其时我已经很惭愧自己当初的不知深浅，原本就不再想让它在市面上传播了，否则真担心它会让读者失望！

让我感动的是，尽管以我现在的眼光来看，这本书是如此稚拙，来自读者的反馈却让我稍感欣慰，因为很多读者妈妈在来信或博客、微博中留言告诉我，正是这本书，带他们走上了科学的教养之路，端正了他们的育儿观念；有的读者甚至因了这本书的指引，一直通过各种方式追随着我的育儿动态，并及时给我鼓励，让我在被宽容的温暖中不断得到滋养，也让我少了许多愧疚，因为我一直担心自己当时的浅薄之作难以给读者提供尽可能多的育儿指引，现在看来，或许"后果"并不是我担心的那么严重，但愿如此！

这本书脱销后，大约是已经积累了一定口碑的缘故，依然不断有读者问我哪里可以买到，每每此时，尽管我知道淘宝等其他网络渠道还有售，还是忍不住劝他们不要买了，早期作品，不看也罢，毕竟，尽管当时写的时候是真诚的，五年多过去，自己的认知又进一步深化了，思考的广度也拓展了许多。而我的读者，值得读到更有价值的作品。

这让我萌生了修订次此书的想法，或者说，用"推倒重来"更为确切，因为我的修改幅度，注定会让原来的内容"面目全非"，估计得有90%左右都是"新鲜血液"，而且，与原来侧重教育方法不同，这个修订版，我把重点放在心理的养育上。尽管如此，我还是决定沿用原来的题目"爱出一个好宝贝"——虽然对内容不满意了，题目中的"爱"，却是我割舍不掉的情结。教养，不能没有爱，爱是教养的灵魂，舍此，都是技术层面的问题，而技术，只能制器，难以育人。"大爱育人"，原来是，现在是，今后也将是我育儿理念的主题。

第一章　端正教养观,给孩子科学的爱

　　科学的教养观是爱对孩子的前提,本部分旨在分享自己的教养观,以便帮助读者端正对教养的认知。

教养应是一个轻松的旅程

读《孩子,把你的手给我》,对其中一段话印象特深:

"在训诫孩子时,我们的方法和上辈们的方法有什么不同呢?我们的父母和祖父母训诫孩子时有权威,而我们的做法却是犹豫不决的。即使是错了,父辈们依然做得很安心,而我们即使是对的,做的时候看上去还是带着疑惑。在涉及孩子的问题上,我们的犹豫来自哪里?儿童心理学家告诫我们,一个不快乐的童年会造成多么严重的后果,我们深深担忧自己会毁了孩子一生。"

之所以对这段话记忆犹新,并不在于它提出了多么具有操作性的建议,而是因为它让我多日来苦苦思索的问题有了答案:自开始接触育儿博客或论坛之后,我就越来越发现包括我在内的当今妈妈个个都谨小慎微,时而还被孩子搞得愁肠百结,生怕自己一时言行不当影响了孩子的身心健康;再看看我们的上一辈,养起孩子一个个轻松得不得了,甚至三五个孩子一起养着,带起来都比我们养独生子女轻松……看了这段话,我才恍然大悟,原来,之所以经常出现这个反差,并不是因为我们的知识太少了,而是太多了,处在信息爆炸时代的我们,每天都有机会接触那么多相关信息,其中不乏告诫不当育儿方式的严重后果的信息,有时候不同的告诫还相互矛盾,以至于让我们无所适从、瞻前顾后。

从这个角度来看,可以说与我们的父辈相比,至少在育儿这件事儿上,我们成了被"过度教育"的一代,昨天那个专家说孩子过早识字不好,今天这个专家又说教孩子识字越早效果越好;昨天国内研究表明三岁前的亲子互动质量决定孩子一生的发展,今天国外研究又有结论说婴幼儿早期母亲的陪伴并不是那么重要……层出不穷、众说纷纭甚至互相矛盾的各种主张以铺天盖地之势压迫着我们,让非专业的妈妈不知何去何从。

这种状态好不好呢?我觉得也好也不好。说它好,是因为与我们的父辈相比,在孩子的教育问题上,我们可以参照的理论研究更加丰富、全面了,可以更方便地各取所需了;说它不好,是因为稍一不慎,我们就容易在众说纷纭的理论流派中迷失自己,看看这个也有道理,看看那个也很权威,结果在养育自己的宝贝时,反而没有了自己的主张,被这样那样的理论牵着鼻子来回彷徨,苦不堪言,育儿成为痛苦的旅程。

那么,应该如何扬长避短,把这种状态调适得恰到好处呢?个人认为,做到如下几点特别重要:

1. 对孩子的身心发展规律有个基本的把握(可以买比较权威的发展心理学的书和关于身体发育的百科读一读,读完放在书架上,孩子每进入一个月龄,就提前拿出来查一查),同时认识到孩子身心发展的不平衡性,语言能力发展良好的孩子,动作技能可能相对落后,不可能所有监测指标都齐头并进,千万不要在盲目攀比中乱了阵脚,只要自己的孩子身心活动正常,没有"打蔫"现象,就坚信自己的孩子在朝正确的方向成长。

2. 认识到理论是为解决现实问题服务的,是用不同的方法论解释现实、改造现实的产物,都有道理,也各有不足。不迷信任何一种理论,也不忽视任何一种理论,没有最好的理论,只有最适合自己的理论,只要对自己有用,就大胆地拿来,而不必担心用了这个理论会不会触犯其他理论警戒的禁区,只要能解决自己的问题,就是最好的。

3. 在那些难以判断孰是孰非的理论之间,如果自己没有充分的经验来辨别哪个更科学,不妨让孩子的反应来充当检验的标准,比如,这家理论说早识字好,那家理论又说早识字不好,不妨教孩子认认字看看,如果孩子能够轻松愉快地接受这个"任务",则可以断定至少在自己孩子这里,早识字的理论是可以接受的,至于别人的孩子是否早识字了,不要太在意,孩子的偏好和接受能力各有不同,不妨碍自家孩子快乐成长的理论就是可以接受的。

4. 永远不要试图寻找完美的、可以"包治百病"的理论,这样的理论只能是我们将现有的各种理论集成创新的结果,不要以为普通家长没有能力或没有资格创新,理论是源于实践需要且以实践效果为检验标准的,在孩子的教育这件事上,要相信家长具有根据实践需要改造现有理论的能力,或者说家长的实践智慧可以和冠冕堂皇的理论一样鲜活有生命力,理论创造并不是那么神秘的事,你、我、所有普通的妈妈都可以做到。

5. 如果因为我们的知识疏漏不小心在某个教养细节上出现了失误,也不要一直耿耿于怀,这样的期望本身就高不可攀(即使是生产零部件这样机械的小事,再高技能的工人都不可能做到万无一失,更何况最为复杂的教育工作);再说,孩子有着超乎我们想象的自我修复能力,他们会放声哭泣、朝我们大叫、跟我们作对……种种发泄行为都可以帮他们启动心理康复机制,当然我们要尽量避免此类的不愉快发生,否则我们的亲子关系可能受到威胁。我的意思是说,如果"失误"就那样发生了,也要学会像我们的父辈一样坦然,否则,不仅我们容易遭受无用的自责,还可能让孩子感知到我们的困窘,这对顺畅的亲子互动来说并不是件多好的事。

总之,育儿,本应是个轻松的旅程,面对信息爆炸的网络时代,我们一定要找到自己的根基(孩子的实际情况)、学会选择(适合自己的)、敢于挑战(理论不是最完美的,我们可以改造之)、善于调适(学会坦然面对错误,相信孩子的自我修复能力),只有这样,我们才能享受这个旅程,而不为其所累!

孩子,最好还是自己带

这篇文章,我想针对的是这样一个家长群体:他们把孩子生下来之后,就把孩子交给别处的爷爷奶奶、外公外婆,或者请长辈或保姆来家抚养,连睡觉都不把孩子带在身边,他们或许对孩子的早教还算重视,也舍得给孩子进行智力投资,偶尔也会陪孩子玩,但要把孩子的吃喝拉撒睡交给他们,真是要了他们的命。这样做的理由,则可能千奇百怪:工作太忙,没时间;没经验,不会带;孩子这么小太缠人了,等孩子大点再自己带;老人自己想带;反正有钱雇保姆……总之,似乎孩子生来就是来跟他们抢时间或添麻烦的,索性交给他人帮带完事。

这样的父母，或许可以在事业上取得很大的成功，或许依然可以尽享二人世界的浪漫，但不知道他们想过没有，这样把孩子推开，对于孩子的成长来说，意味着什么？

心理学研究表明，一个生命之初的前几年有机会被母亲呵护在身边的孩子，经由母亲的乳汁和甜蜜的拥抱，更有可能与母亲建立牢固的亲子连接，这种亲密感不仅会让他顺利克服出生带来的脱离母体的分离焦虑，还有助于他建立对外部世界的安全感；母亲的爱抚会让他觉得这个世界是温暖的，可以信赖的，进而更可能以母亲为安全基地，大胆探索外部的世界，发展与他人的关系，并形成健康的行为模式。反之，一个出生后就被交给他人抚养甚至寄养在外地的孩子，又会怎么样呢？

首先，孩子也许可以被他人抚养得很好，但父母如果在幼弱生命最需要的时候缺位或者关心不到位，错过了密切亲子关系最关键的婴幼儿期，孩子跟父母的情感疏离，也许就此生根发芽。无意危言耸听，但还是想举个还算典型的例子，希望能对这类父母有所启示：大家都知道知识青年下乡那一代，当时很多支边的知青因为忙于工作，或者为了让孩子接受更好的教养，忍痛把孩子送到了城里的外婆或奶奶家，孩子也的确在相对优越的环境下长大了，可是，等这些知青终于盼到了合家团聚之日后，等待他们的是什么呢？孩子根本不能接受这样"遗弃"他们的父母，即使后来全家人有机会生活在一起，早年的疏离也让亲子关系变得敏感而脆弱。我认识的一个被外公外婆养大的朋友，甚至在没有多少经济实力的情况下搬离回城父母为他提供的家，宁愿自己租房子住；还有一个朋友，虽然跟父母生活在一起，却对父母充满了怨恨。我自己有过被寄养的经历，长大后也非常理解父母当初的选择,我跟母亲的关系也很好,但跟弟弟妹妹相比,似乎总是少点自然的成分,当弟弟妹妹能够自然地跟母亲发生身体接触的时候,我却觉得那样很尴尬。

其次,童年早期父母的"袖手"甚至寄养行为很容易让孩子产生被遗弃感,觉得自己不值得被爱,这种被遗弃感带来的消极自我评价,将给幼小的心灵播下自卑的种子,让他终其一生都在寻求外界的认同,自身的幸福感也很容易被他人的评价左右,长大后他们可能非常努力,非常要强,也可能会作出很大的成就,但在风光的外在和别人艳羡的目光背后,是一颗非常容易寂寞和孤独的心灵。

最后,被至亲父母"遗弃"的经历很容易让孩子获得这样一种意识:即使是最亲密的人也是不值得托付的!孩子对于人际关系的怀疑,也许就此扎了根,这样的孩子,长大以后,更可能在人际关系上出现问题。有个从小被寄养在外婆家的朋友,年届四十还无意去寻找自己的另一半,因为异性让他感到恐慌,而根据心理学的解释,幼年时与母亲的疏离就可能导致这个结果。

由此可知,父母不管出于何种原因推卸自己的养育责任,对于亲子关系和孩子的发展都是影响很大的,这种影响还可能很难修复,即使父母有心补偿,也通常已经错过了最佳时机,悔之晚矣。所以,孩子生下来后,如果能自己带,最好不要轻易交给别处的爷爷奶奶或外公外婆,请人到自己家里帮忙照看,业余一定要想办法给孩子高质量的陪伴,至少做到带孩子睡觉,因为孩子与带他睡觉的那个人,更容易建立亲密关系。

教养,不必强求观念的统一

在育儿这件事儿上,家庭成员内部教养观不一致是一个非常常见的问题。很多面临这个问题的家长,看到有专家主张和谐统一的教养观,就很担心自家孩子的成长受到了负面影响,焦虑之下,就十分期待家庭内部的教养观能够统一(其实是期待其他家庭成员的观念能统一到自己旗下来),然而,不同的家庭成员,由于其成长环境不同、生活阅历不同,出现分歧是十分难免的,能绝对统一的只能是极少数,大多数家庭,都会面临不同程度的观念分歧,有时候,这些分歧还会成为家庭冲突的根源,引发一波又一波家庭战争——很多朋友为人父母之后都深有体会,有了孩子之后,吵架的次数明显增多,而且,十有八九是因为孩子的教养方式分歧。

那么,如何看待这个问题呢?冲突的教养观,真的那么可怕吗?

坦白地说,对于这个问题,我自己也经历了一段艰难的心路,焦虑过,斗争过,沟通过,也绝望过,至于家庭内部的具体冲突程度,可以打个毫不夸张的比方,桐桐的成长史,一度就是教养观念的斗争史,而且,这样的斗争,一度每天都在进行,就连吃饭这样的小事,都可以成为斗争的主战场:爸爸遵照奶奶的做法,不仅喜欢动手喂桐桐,还要求她一定要吃到多少的量,吃不够就想办法塞进去,我则更希望桐桐能独立进食,至于吃多少,更希望由桐桐自己决定。自然,冲突和分歧就经常在吃饭时间上演,甚至当着桐桐的面上演,每个人都以为自己是对的,都坚信只有按照自己的教养方式来,桐桐才能健康成长,却全然不顾夹缝中桐桐的感受……因为深知冲突带给孩子的痛苦和困惑,又没有能力统一家庭内部的教养观,这个现状一度让我痛苦万分。

有意识地走向自我成长之路之后,我才渐渐领悟到,在教养孩子这件事上,家里一直冲突不断,其根源并不在于我们没有统一的育儿观,而是大家都过于执着于头脑中那个理想的育儿模式,都在带着太多的"应该"来看待他人的教养观念和方式,太执着于分辨孰是孰非,却忽视了桐桐最核心的需求——和谐温暖的成长环境。是的,对于一个刚刚来到这个世界不久的孩子来说,她最需要的是什么呢?如果她有能力表达自己的感觉,我想她肯定会说:我需要一个没有争吵、充满爱和宽容的家,这样的家才会给我安全感,至于你们谁对谁错,那不是最重要的,对我来说,你们都是我离不开的人,无论你们用什么方式养我,我都无条件地爱着你们!

意识到这一点后,在育儿这件事上,我开始慢慢调整自己的状态,不再那么较真,不再那么强求其科学性,跟家人妥协的时候多了,冲突也渐渐少了。对家人的接纳,也多了许多——即使有的方式不那么科学,又怎么样呢?孩子总会长大,成为和我们一样不完美的人,谁规定孩子的教养方式一定要绝对完美呢?谁规定孩子一定要在教养观念统一的家庭中长大呢?随便问问周围的人就知道了,有机会在观念统一的家庭中长大的,不会有几个。但大家并没有因为观念的分歧出太多问题,或许,孩子并不像我们想象的那么脆弱,而且,长大后,他们也会有一定的自我修复能力,就像桐桐,虽然曾经面临家庭教养观念的冲突,还是长成了一个阳光可爱的孩子。

是的,家是讲爱的地方,不是讲理的地方,包括育儿这件事,谁的方式更科学,并不是那么重要,比辨明是非更重要的,是让孩子感觉到家庭的温暖和爱。与和谐的家庭氛围相比较,所谓的教育技术教养方式,都只是下一个层面的问题,技术层面再科学,再统一,没有爱,孩子也会在情感需求上营养不良,反之,只要家庭关系和谐,即使在教养方式上有点小分歧,只要能彼此接纳,相互尊重,就不会给孩子造成太多的困惑,甚至,从某种意义上讲,差异和分歧还会成为一种教育资源,让孩子意识到:同一件事情上,每个人都可以有自己的观点和做法,但这并不妨碍大家彼此相爱!这样的处理方式,还会让孩子学会如何尊重和接受差异。

　　一句话,家庭内部教养观念的一致,是一种理想和值得追求的目标,却不是一种现实,很多孩子都是在不一致的家庭中长大的,如果能通过沟通达成一致固然可喜可贺,但实在达不成,也要允许不一致的存在,尊重现实比强求一致这个结果更加重要,否则,强求和期待本身可能进一步恶化分歧的后果!

教养不需要绝对民主

　　"桐桐,今天上午弹琴好不好?下午我要出去讲座,没法跟你一起弹。"说刚说出去,就后悔了。因为万一桐桐回绝,我将变得十分被动。类似的闭门羹,已经吃过好多次了,每次都需要动用更多的策略来收场,甚至变得无法收场。

　　在民主教养理念的影响下,我们经常倾向于在尽可能多的事情上征求孩子的意见,"宝贝,天晚了,我们回家好吗?""宝贝,该睡觉了,别玩游戏了好吗?"……似乎只有这样,孩子才能充分享受我们的民主,似乎只有这样,我们才是个称职的妈妈。当然,如果孩子配合作出我们期待的选择,万事大吉,然而,通常出现的结果是,我们被很干脆地拒绝,然后,再出来两种结果:

　　一种结果是,孩子不同意,继续着对他的个人成长并不是那么有利的活动,比如睡觉时间玩手机游戏、吃饭时间继续在外逗留等。因为我们已经让孩子作了选择,只能"尊重"这个结果,如果不尊重这个结果,我们给孩子的选择就变得比较讽刺,出于对自身威信的考虑,我们只能接受这个结果——我们民主了,尊重孩子了,但孩子继续的,却是影响他作息、饮食习惯或其他对成长不利的活动。

另一种结果是，孩子不同意，但我们觉得依着孩子对他并不好，就想办法说服孩子或用其他方法让孩子作出我们期待的选择，而且，通常这个过程并不是那么顺利，甚至会演变成一场拉锯战，亲子关系甚至因此受到了影响。即使孩子最终屈服于我们的意志，回想整个过程，也难免有点滑稽——既然我们只允许一种结果，当初为什么还要假惺惺地让孩子作出选择呢？！

再进一步追问下去，凡事都让孩子作选择，真的对孩子好吗？真的会让我们成为更称职的妈妈吗？显然不是，因为孩子会作出对他不利的选择，在不可避免地跟孩子的选择斗争时，我们作为父母的威信甚至亲子关系都可能受损！

由此可见，民主虽好，却并不绝对适合教养幼小的孩子。因为民主产生正面的功效是需要条件的，那就是它所指向的对象，是具有一定判断力的人，而孩子，由于年龄和身心发展规律的局限，尚不具备足够的判断力——他们尚无从作出真正对自己长远发展有利的判断，甚至没有能力作出确保基本生存安全的判断，举个极端的例子，不到两岁的孩子，可能甚至无法判断插座是否危险，更没法判断哪种食品对健康更有利！

所以，教养中，我们并不需要绝对的民主，相对于民主带来的"尊重孩子"和"好妈妈的感觉"而言，孩子更需要的，是明确的行为界限，如果在外玩得太晚，晚到影响了正常吃饭的时间，或者干扰了他人的作息，他们就需要明确的指示——"现在是晚饭时间了，这样下去要影响阿姨做饭的，我们该回家了！"当然，如果担心这样会让自己看起来太强硬，在这样发出指示的同时，适当运用民主的原则："你是想再玩三分钟回家呢？还是想再玩五分钟回家？你可以作个选择，也可以现在就跟妈妈回家。"

总之，孩子更适合的，只是有限的民主，而且最好只用于那些非原则性的问题，比如"你想买这件红色的呢？还是蓝色的？""你是想玩摇摇马呢？还是想玩滑梯？"这种无论选择什么都不会影响到自己长远发展的民主，是可以给孩子，也应该给孩子，毕竟孩子是独立的人，他需要这样的尊重。只是在那些原则性的问题上，或者别无其他选择的问题上，比如，涉及行为界限的、可能带来危险的、会对别人形成干扰的、不利于孩子建立并巩固良好习惯等方面的行为，给孩子的民主最好有个限制，因为他年龄尚小，在具备健全的是非判断能力之前，作为父母的我们有责任去帮他作出正确的选择，在这种情况下，直接给孩子"该做作业了""弹琴时坐姿要端正"之类的指示就变得十分必要！

别把孩子养得太乖

乖孩子在家不折腾、听话，带起来很省心；在外懂事，不给爸爸妈妈惹麻烦，让爸爸妈妈很有面子。于是，培养一个乖孩子，成了很多家长的梦想，于是乎，为数不少的孩子，经常被这样提醒：

"再不乖，爸爸就不要你了！"
"你乖一点，妈妈就给你买。"
"别爬上爬下的，你看人家小希多乖！"
……

这样的家长,一旦教育成功,把孩子培养成期待的"乖宝宝",又可能发生什么情况呢?不妨先来看一个案例。这个案例,是我在给某杂志写答疑专栏时一个热心读者的来信,主人公皆系化名(感谢这位朋友的分享):

我曾一度想要把女儿调教成个乖孩子——在女儿听从我的安排或者表现得顺从的时候,我经常会夸奖她"甜甜乖……"可最近发生在甜甜身上的一些变化,让我开始犹豫。

甜甜转进新幼儿园第二周的一天,早上送她去上园的路上,我一如既往地教导她做个乖孩子,乖乖上幼儿园,妈妈走的时候不许哭,要坚强。在我离开的时候,她真的没有哭。可是,晚上去接她的时候,我刚一踏进园门,望眼欲穿的小人就向我跑来,泪流满面地说着:"甜甜乖,甜甜没哭,甜甜等妈妈下班来接,甜甜没哭……"

搂着哭得浑身直颤的女儿,我心里特别不是滋味。看得出来,小人对妈妈的夸奖真的很在意,早上分别时,她还在努力地克制自己的情绪,不让自己哭出来,让自己做个乖孩子。就这样,这份离别的伤感在孩子的心里压抑了整整一天,现在见到我了,她终于可以释放出来了。我不禁有些后悔,如果早上离开时,我容许她哭上两声,让她把这份伤感的情绪释放出来,或许她这一天过得会更愉快……

类似这样的事情还有很多。一直以来,我都希望把甜甜培养成个乖孩子。殊不知,小人在努力迎合我的期望的同时,也逐渐掩藏了自我发现的机会,长此以往,她的个性会被埋没,自信也会丧失。

> 如此看来，我还该不该让女儿继续做个乖孩子？

当时看了这个案例，我很为这位妈妈的反省感动，因为不是每个母亲，都能在教养过程中有这样的觉察，但她做到了，实际上，具体接下来她该如何做，我已经无须多说什么，她已经明了。然而，考虑到还有很多的家长沉浸在培养乖宝宝的梦想里，还是禁不住给大家提个醒——别总要求孩子做乖宝宝，太乖的孩子，不是你想象的那么好过！

为什么这么说呢？这就要从乖宝宝情结背后的假设说起：家长希望孩子听话的背后，往往暗含着怎样一种教育假设呢？很多家长可能没有意识到，当她希望孩子听从自己的安排或者表现得顺从时，实际上她的内心有这样一种假设：爸爸妈妈永远是对的，爸爸妈妈的意志就是你的行为规范，你应该听爸爸妈妈的话。然而，事实情况又是怎样的呢？爸爸妈妈当然不可能永远正确，孩子应该遵循的是正确的行为规范，应该明白的是"为什么应该那样而不应该这样"的道理，而不是简单地服从爸爸妈妈的意志。如果爸爸妈妈意识不到这一点，经常以"听话"、"乖一点"的论调来教育孩子，就很可能出现如下教育结果：

一、"乖孩子"取向的教育没有把孩子当成独立的个体，会让孩子的独立意识和个性发展付出代价

孩子虽然弱小，需要成人的照顾，但就其存在意义而言，他们仍然是一个独立的个体，不可能跟妈妈有着完全一样的想法，如果妈妈出于教养的方便，不给孩子按照自己的想法行事的机会，动辄希望孩子听自己的话，其实也就等于让孩子成为自己"意志"的影子，久而久之，孩子也许真的变得听话了,但这种"听话"的后果是很可怕的,那就是孩子不再敢有自己独立的自我主张,遇到什么事情,也会被动地等待妈妈给他做主,显然,这样的教育模式之下,孩子将很难发展他的自我意识,更遑论独特的个性了。

二、"乖孩子"取向的教育否认了孩子的需求和情绪,压制了孩子表达感受的机会,也不利于建立密切牢固的亲子关系

"乖孩子"价值取向的妈妈,更关心的是自己的意志和想法,而不是孩子内心的真正需要,当一个孩子的内在需要不被尊重或者没有机会表达的时候,其实感觉是非常压抑的,但这个时候,经验又会告诉他,如果无所顾忌地表达自己的情绪和感受,妈妈会嫌烦的,会不喜欢自己的,还是把自己的委屈压抑下去吧,这样妈妈才会开心,才会夸奖自己……就像案例中的甜甜,入园之初正常的分离焦虑体验里,原本可以通过哭泣来释放紧张情绪的她,为了讨好妈妈,却压抑了一整天,长期这样下去,显然不利于心理健康,好在,妈妈终于发现了自己处理问题方式的失误,允许孩子哭出来了。

反过来说,如果案例中的妈妈在处理其他问题时不会像入园焦虑这件事情一样反省自己,继续以表面的服从和乖巧与否来评价孩子的状态正常与否、优秀与否,就很容易把亲子之爱维持在很浅的层面,难以真正了解孩子的心理需求,也让孩子难以自然地向妈妈坦露自己,不利于亲子之间的沟通和亲子关系的密切。

三、"乖孩子"取向的教育难以让孩子确认妈妈无条件的爱,不利于建立他对这个世界的安全感,更容易引发"问题"行为。

经常要求孩子"乖"、"听话"的家长,久而久之很容易让孩子获得这样一种意识：妈妈喜欢的是"听话"、"乖巧"的我，如果我不"听话"，不按她要求的去做，妈妈就不爱我了。显然，这样的爱，给孩子的感觉是有条件的，一旦孩子无法达到妈妈期望的样子时，就很容易恐慌，很容易担心失去妈妈的爱，这种担心很容易引发两种后果：

一种后果是"问题"行为，比如，为了掩盖自己的不足，就说谎为自己开脱；为了讨好妈妈，变得十分争强好胜，事事想办法争第一，哪怕违反了游戏规则……

另一种后果是残缺的安全感，很显然，如果连至亲的妈妈都难以无条件地爱自己，谁还会完整地接纳自己呢？对这个世界的不信任，或许就由此埋下了种子。

由此可见，该不该让孩子做个乖孩子？这个问题的答案，不仅关系着父母的教养观是否科学，还关系着孩子能否健康地成长，一个能够尊重身心发展规律的家长，一定会基于孩子的发展需要而非教养便利作出选择，那就是，爱孩子本来的样子，而不过分在意他"乖"或"不乖"！

放手，不仅关乎孩子的生存能力

很多家长不舍得让孩子做事，理由是孩子早晚会做的。事实的确如此，孩子大了，小时候不会做的事情，自然可以轻松学会，就像有的家长小时候衣来伸手饭来张口，长大了却可以把孩子照顾得很好一样。然而，让孩子做事的意义并不仅仅限于培养孩子的独立生存能力，而是有着更为深刻的价值。

给孩子做事的机会是对孩子独立性的尊重，周岁左右，孩子的独立性逐渐萌发后,是很喜欢自己做事的,看看最初他们怎么想着拿勺子自己倒腾饭吃甚至用手抓饭吃就知道了。再大一点,他们还可能喜欢自己穿鞋穿衣服,尽管穿得慢得不得了,或者喜欢模仿着妈妈洗衣服拖地,尽管动作那么笨拙,有时候还帮倒忙。但这些行为并不仅仅是"觉得好玩""心血来潮"那么简单,而是孩子的独立意识在潜滋暗长,如果这种意识总是得不到尊重,甚至被压制,孩子就会认为,爸爸妈妈觉得他做不来,是自己的能力还不够强才被拒绝的,从而对自己的认知就多了一些负性体验,自卑的种子,也许就这样悄悄萌发。

孩子做事的过程也是很好的大小动作训练、多种感官接受刺激、手眼协调能力发展的过程,这对于发展孩子的感觉统合能力是很有帮助的。而感觉统合能力对于孩子的情绪、社会认知、学习、语言等各方面的发展非常重要,7岁之前的发展非常关键。一个经常有机会动手做事的孩子,除非有不可控的先天因素的影响,感统失调的概率会在一定程度上有所减少。

经常有机会做事的孩子,一般能在这个过程中习得更丰富的生活技能,会对变革周围的环境和独立处理的能力有着更多的自信,那种经常能够"搞得定"的成功体验也会让孩子获得更强大的内心力量,这样的孩子,当然更自信、更强大!

简而言之,就让孩子做事的意义而言,家长最好超越那种太表面的理解,因为它并不仅仅是让孩子获得生存能力那么简单,预料之外的教育价值,甚至来得更为深刻和根本,更重要的是,孩子生命早期多动手做事带来的这些价值,是成年后再去做同样的事情没法补偿的!

爱孩子，就要舍得用他

某日，网购的自动面条机到货了，晚饭后看小家伙已经弹完琴，忍不住想研究一下用法，于是邀请自由活动的桐桐一起动手，桐桐就喜欢参与这种事情，立马跃跃欲试。

打开箱子后，我让桐桐爸帮忙把机器拿出来，刚在地面上放好，喜欢"研究"的小家伙就凑上来了，妈妈也乐得她这样，因为看懂器械使用说明书也是一种符号阅读能力，我一直在有心培养她这方面的能力，平时做什么东西，就经常鼓励她自己去看说明书。这款机器不仅有说明书，还有使用光盘的介绍，自然不会放过给她学习的机会。小家伙也非常享受这种安排，蹲在机器旁就跟着我看起使用光盘来，一边看一边把机器的部件跟光盘上的介绍对号入座，比我弄得还明白，我很惊喜，不过没有太吃惊，一直以来，她使用器械的能力都比妈妈强，春节前我拿回家一款水牙线，不会用，桐桐捣鼓了一顿，很快就琢磨出用法来了，让我自叹不如！

这次在小家伙的主导下，我很快就学会了面条机的用法，但因为面条机是新的，部件都需要清洗，正好我还没有弹琴，桐桐就建议我先去弹琴，她来清洗部件，真贴心啊，我乐得心里都开了花。

谁知清洗部件的小家伙被爸爸看见了，爸爸心疼得怒火中烧，情绪激动地冲着我大吼大嚷，嫌我不该让这么小的孩子洗……总之，懒妈妈用"小童工"千错万错，而且还无耻地经常做这种事，摊上这样的妈妈孩子真倒霉……

不过，对于这样的责骂已经习惯了，因为在家里，爸爸向来这样反对让孩子做事,甚至连孩子自己的事都不让孩子做,孩子这么大了,只要他在家,吃饭必然要喂,穿衣服也经常不让孩子动手,其他活,更是一点也不舍得孩子干,恐怕孩子累坏了长不大……如此爱女心切的爸爸,当然看不得我动不动使唤孩子,又听不进妈妈关于鼓励孩子动手做事的意见,动不动就替孩子打抱不平也就在情理之中了。

然而,被爸爸庇护的桐桐却并不那么享受这种关心,很多时候甚至因为被爸爸剥夺动手的机会而闷闷不乐,即使是爸爸"替她行道"斥责我让她干活,她也没有多领情的意思,有时候还背对爸爸对着我吐舌头。也难怪,其实很多孩子是很乐意跟我一起做事,或者动手尝试独立做事的。在这个过程中,他们体会到的并不是有些家长担心的劳累,更多的还是动手的快乐和完成某件事情的成就感,而这,就是他们自信心的来源之一,孩子内心的力量,就部分源于这种做事过程的体验。拿桐桐为例,远的不说,仅仅就最近学会的炒蛋炒饭而言,桐桐从中体验到的成就感就是让我吃惊的,原以为小家伙学会这个本领之后高兴一会儿就算了,事实却是,好多天过去了,小家伙想起会做饭这件事还是一脸的骄傲,而且积极性非常高,过来这个周末,她的一日三餐几乎都是自助的,还特别希望能做给别人吃呢!这样一个不断积累"能干"体验的孩子,怎么会轻易自卑呢?

做事给孩子带来的好处也是长远的,哈佛大学学者曾经作过一项调查研究,得出一个惊人的结论:爱干家务的孩子和不爱干家务的孩子,成年之后的就业率为15∶1,犯罪率是1∶10。另有专家指出,在孩子的成长过程中,家务劳动与孩子的动作技能、认知能力的发展以及责任感的培养有着密不可分的关系。如果说刚才对桐桐的观察源于我的个人经验,这个研究结论就超越这个局限了,人家可是从多少样本里调查出来的!

包办代替即使可以称为"爱",也是自以为是的爱,这样的爱,孩子未必领情,也未必能把孩子"爱"成期待的样子,反过来,在尊重孩子意愿的前提下,多给孩子动手的机会,才是一种更长远的爱,才更容易把孩子导向健康的成长。

第二章　尊重与接纳，给孩子无条件的爱

无条件的爱，就是爱孩子本来的样子，要做到这一点，尊重与接纳是很重要的前提。

陪孩子经历成长痛[①]
——"家长开放日"的尴尬

上周初,桐桐爸告诉我,这个圣诞节是桐桐幼儿园的家长开放日,让我陪孩子入园,当时我便习惯性地提醒自己:不要期望值太高,内向、不喜人多嘈杂的桐桐很可能会当众给我出难题。事实果如这个心理预期,在这半天的开放时间里,桐桐果然是"极尽折腾"……

那天,本来就有点拒斥入园的小家伙,进教室后发现突然冒出来许多家长,显然有些不知所措,抱住我的脖子再也不愿意下来了,老师塞给她喜欢吃的"奥利奥"都哄不住,好不容易把她放下来了,上课后却分外不配合,大多数小朋友都神采奕奕地跟着老师做教学游戏了,小家伙还哼哼唧唧没有从委屈的情绪中解脱出来,坐在小椅子上,不住地回头看看背后的妈妈,生怕妈妈溜走似的。老师出示"大苹果树"让小朋友"摘苹果",每个摘下苹果读出后面生字的小朋友都引来妈妈骄傲的微笑,唯独桐桐,不仅一直委屈地瘪着嘴,对于老师让她去摘苹果的召唤也置若罔闻。站在她身后的我,知道内向的小家伙之所以表现反常,肯定是平时乖巧的她在幼儿园积累了许多心理压力(可怜的小家伙,虽然不那么喜欢上幼儿园,但她知道自己应该做什么,所以每次还是不情愿地入园,然后尽量好地表现),今天的在园环境又有了变化,"旧恩怨"和"新挑战"的交织让她有点不堪重负,而今天妈妈的在场给了她安全感,使她觉得终于可以无所顾忌地发泄所致。由于理解,便不

[①] 成文于2009年12月28日,宝贝桐桐2岁4个月29天。

会在乎她的"糟糕"表现与活跃的小朋友形成了多么鲜明的对比,相反,我尽量让回头的她看到我轻松的微笑表情,以便缓解她的焦虑。倒是老师有点过意不去了,趁拿教具的时候过来跟我说,桐桐平时不是这个样子的,早就比入园之初好多了,平时在幼儿园很开心的。我连忙反过来安慰老师说,不要紧的,我知道桐桐已经掌握了全部的学习内容,只是她是个慢热型的孩子,突然变化的陌生环境会让她感到紧张,她需要时间来适应。是的,我相信,桐桐会在一段时间的"犹疑"之后找到平时的状态。

只是这个"热身"过程来得有点漫长,一树的"字谜苹果"都摘完了,几首唐诗读完了,N首儿歌唱完了,桐桐还是眼圈红红的,不肯配合。接下来上场的韩老师一招呼她,小家伙更是平添了几多泪水,以致对本来她十分喜欢的英语游戏也没有任何反应。在后来的拔萝卜游戏里,因为老师让她拔萝卜,小家伙竟然哭了起来,鼻涕泡都哭出来了,惹得前来观摩的妈妈们哈哈大笑,此时,我开始庆幸幸亏没有让其他家人陪她来,否则,凭我日常的了解,爱面子的其他家人肯定觉得脸上挂不住了,一挂不住,就可能逼她上场,甚至为了开脱自己而说孩子的不是,而这正是对付"慢热型"孩子的大忌。深谙桐桐内向的我,却一直都坚信,或许就在下一个环节,桐桐就战胜了自己。

果然,大约20多分钟之后,课间休息的洗手、喝水时间,桐桐的状态逐渐恢复了,她开始熟练地找自己的小杯子,自己接水、喝水,在接下来的手工游戏中,小家伙便像换了一个人似的,给巧虎粘上眼睛,便主动地走进了场地中央,拉起小朋友的手跳起了舞。

接下来的户外活动时间,小家伙的表现也不错,很认真地活动、做操,只是不大懂得跟其他小朋友互动,大约平时小家伙的"特立独行"本来就比较引人注意,活动期间,竟然有园长和另一位管理人员对我说桐桐已经进步多了。我感到欣慰。

谁知乐极生悲,活动完毕大家进教室时,小家伙又开始闹了,因为她想继续在外面活动,不想进教室,于是一边喊着"我不要回家"一边大哭,被强行抱到教室之后更是哭得涕泪滂沱,班上的徐老师告诉我小家伙有时候就是这样的,到外面就不想进来,有时候下学了还不想回家……真是个让人捉摸不透的小屁孩啊,担心她的哭闹会影响教学,我不得不要求主动回避(因为小家伙在我面前容易"耍亲"),正好园方要求家长到二楼观看圣诞节的节目表演,我便火速告退,到了二楼往下看时,果然小家伙很快就不哭了,只是一直躲在其他小朋友的背后,既不热衷看精彩的圣诞节节目,也不搭理其他小朋友,整个节目过程都是如此。

节目完毕,园方邀请家长去参观教学成果,半小时左右下来之后,其他在门口偷看他们吃饭的妈妈告诉我,桐桐又开始哭闹了,还好,这些行为表现都在我的意料之中,所以不会因此感到尴尬,只是怕影响其他小朋友的情绪我还是早早把她领回了家(老师说接下来没有活动了,可以回家了)。

总之,这个开放日,小家伙的表现可谓是跌宕起伏,而我有幸陪她经历了整个过程,感慨颇多……

桐桐的"拙劣"表现,有她先天神经类型的原因,也有我们后天教养不当的原因,当然还可能有月龄的原因。先天的,可能遗传于生性内敛、不喜喧闹、灵活性较差的我;后天的,则是作为上班族的我不能按照自己意愿经常带她出去交往的结果;月龄的,可能是桐桐是班里最小的两三个小朋友之一,而孩子年龄越小,不同月龄之间的差别越大,我注意到,另外一个比桐桐还小一点的小朋友是从头哭到尾。就当前的行为表现而言，我更倾向于认为先天负主要责任，固有的神经类型决定了她是个慢热型的孩子，面对陌生的、嘈杂的环境，她往往需要更多的时间来适应，而且思维和行为在不同场景之间转换的灵活性较差，后天的努力虽然有助于改变这一点，但这需要过程，而且可能是个很漫长的过程，就像农村长大的我，虽然从小到大从来不缺玩伴，但因为生性内向，直到初中毕业之前，家里来了客人，都不敢跟人家说话；直到工作之前，都不敢当众主动表达自己的观点，到现在，都难以在大庭广众之下即兴发言……虽然我一直在努力，事实上也在一步步改善，但这是个多么漫长的过程啊，我亦如此，怎能要求一个两岁的孩子一夜之间完成突变？从这个意义上说，我觉得两岁宝贝这些不尽如人意的表现都是正常的，她还是那么幼小，小得还没有多少机会经历能够颠覆她先天神经类型的过程！

当然，从内心深处来说，尽管深知内向自有谨慎沉稳之长处，还是非常希望桐桐成为一个能言善辩、在公众场合游刃有余的人，这样就不至于像我一样整天"茶壶里煮饺子"，但期待的同时我也清醒地认识到，千里之行，始于足下，理性的心态应该是接受孩子当前的起点，然后帮助她向着期待的方向成长。最重要的是帮她坦然地接纳当前的自己，让她认识到，可以因为性格因素埋没自己的部分才能，却不应该因此自卑。然而，成长的结果是令人欣慰的，但过程却充满痛苦：因为对于桐桐来说，要完成从内敛向开放的转变，她需要经历千百个不那么喜欢的嘈杂场合，需要千百次地突破自己的心理舒适域，直至从厌恶嘈杂到习惯嘈杂，而且这期间的很多努力只是通向美好结果之前的量的积累；没有可见度的结果，就像这个家长开放日，突然变出来的陌生场合只能成为有助于她突破心理舒适域的场景，而不会是她展示努力成果的舞台（她早就轻松地掌握了课堂教学的所有内容，却因为胆怯不敢当众展示）。这个时候，作为妈妈的我需要做的，就是等待，支持加等待，让孩子感到我的信任，让孩子在可能的失败面前找到情感的支撑，这样，她才能无所惧怕，轻装上阵。

是的，我向往美好的成长结果，但我更重视宝贝蜕变的过程，这才是她生命体验中最具体、最丰富的成长经历，虽然充满了痛苦，却是她建构自信和自尊的基础，舍此，她的心理发育将少了一笔很大的依托，从这个意义上说，我愿意陪她一起去经历，不怕当众难堪，也不怕她最终没有达到理想的结果，只要她能坦然地接受当前的自己，不会因为难以尽情展现自己的才情而自卑，就足矣！

尊重孩子的所有权

之所以想到这个命题，最初是受到某位长者的触动，这位让我尊敬的长者，有一次给我讲了一个故事：

年轻的时候，像大多数知识青年一样，他被安排到黑龙江的农村插队落户，经过了几年的思乡煎熬，他终于有机会返城了，可是，回家后翻箱倒柜地寻找年少时最心爱的集邮册时，却踏破铁鞋无觅处，问父亲，父亲竟然轻描淡写地说：

"都送给你表弟了！"

这位长者说，那一刻，他的心突然感到莫大的痛，至今都难以释怀，因为这件事让他觉得，他在父亲心中的位置已经不再那么重要了,甚至被别人取代了,那被送走的心爱集邮册,就是一个象征……

这位长者,向来以宽厚为人称道,这次竟然对如此一件"小事"耿耿于怀,让我不得不郑重思索:为什么长者爸爸一个不经意的举动,竟然会带给成年儿子如此巨大的心理创伤呢?后来我想到了一个词,那就是"被剥夺",毋庸置疑,在这位长者眼里,他拥有心爱之物的权利就这样被他的父亲剥夺了,难道这不是一个很大的伤害么?也许这位长者的爸爸在拿儿子的心爱之物送人时,只是一个信手拈来的动作,并没有想过更深层次的问题,也许这位长者的爸爸依然深深地爱着儿子,但在儿子看来,他的心爱之物就是一个象征,象征了父亲对他的了解与关爱,然而,他所期待的理解和关爱,就这样和心爱之物一起被剥夺了。一个任意剥夺他心爱之物的父亲还会那么可爱么?

这件事给我的触动很大:如果说,在那个亲子沟通意识相对淡漠的年代,长者爸爸的行为可以理解,而长者值得同情,那么,在这个家庭教育已经被日益重视的时代,又有多少家长在支配孩子的东西时做到了征求宝贝意见呢?

直到听长者讲起故事那天,至少我没有做到。而且,我相信,大多数爸爸妈妈都没有做到,司空见惯的情况是,我们恣意地或偷偷地拿孩子的所有物送人,不顾孩子的反对强迫孩子分享他的所有物,如果不幸被孩子发现了、拒绝了,有时我们还振振有词:你怎么就这么小气呢!

如果孩子有机会或者有能力表达,则他们将有多少委屈?

> 他的心爱之物也许就这样被不明不白地送掉了……
>
> 他的所有权就这样被爸爸妈妈践踏了……
>
> 他所期待的爱和尊重就这样被送走了……

但我们没有倾听孩子内心的声音,因为我们想不到,甚至还会以爱的名义对孩子进行分享意识的教育。即使偶尔想到了孩子的委屈和不满,我们也往往会认为爱可以冲淡一切,果真如此吗?我说不尽然,因为:

如果孩子习惯了家庭内的"被剥夺",当时的委屈也许很快平息了,但惯性思维却可能会一直延续下去,以至于独立走向社会后也不敢主张自己的权益!

如果被剥夺的是最爱之物,孩子也许还会在找到新的"最爱"之后逐渐得到心理康复,但那曾经被剥夺的最爱,却可能成为挥之不去的伤痛记忆,至今我仍然记得儿时那个毛茸茸的小狗,甚至可以想象出我外祖父以太脏为理由把它偷偷扔进垃圾坑的情景,同时让我印象深刻的是我满腔的不解:疼爱我的外祖父,为什么就不理解我对小狗的爱?

如此想来,愈加感到随便支配孩子的所有物并非明智之举,特成此文,奉劝像我一样的爸爸妈妈们,下次有心动用孩子的东西时,别忘记事先征求一下他们的意见,这是对孩子所有权的尊重,亦关乎孩子对父爱母爱质量的理解!

接纳孩子的负性情绪[①]

很惭愧,尽管深知孩子的情绪多变,喜欢用哭闹来表达需求或发泄不

[①] 成文于2009年11月29日,宝贝桐桐2岁4个月,本文被《亲子》杂志收录,有删改。

满,在日常生活中,遇到宝贝桐桐出现类似的负性情绪,有时候还是感到烦躁,如果恰逢哪天心境不好,还会非常粗线条地来解决问题,最近甚至一度因此被宝贝疏离。

前些天,宝贝桐桐由于身体不适,本来乖巧的她一度变得"作天作地",连穿件衣服她都要搞得花样百出,怕她就此成为"磨娘精",我忍无可忍,经常选择冷处理,只要她一闹得我没耐性了,我就撂下一句"哭够了再喊妈妈进来"拂袖而去,耐心的桐桐爸则趁机给她讲道理,虽然孩子的情绪每次都能在桐桐爸那里得到慰抚,事态的发展却有点尴尬,那就是:本来"黏"我的宝贝开始渐渐疏离我,只要爸爸而不要我了,睡觉要爸爸搂着睡,穿衣要爸爸给她穿。

面对宝贝这样的改变,习惯了被她依赖的我,真是感到莫大的失落,痛定思痛,我开始反思自己的行为……

应该说,冷处理作为一种有助于淡化某种负面行为的教育方式,本身是无可厚非的,问题是,当我选择这种处理方式的时候,附加了太多烦躁的情绪表达(我个人认为,这是冷处理时应该尽量回避的问题,理想的冷处理应该是对事不对人的,即,让孩子感觉到,即使你不能满足她当前的要求,你对她本人仍然是充满爱),这样就很容易给宝贝一种印象,即我已经不那么爱她、宽容她了,越是这样,她越要通过不断的折腾来考验、确认我对她的爱,我日益频繁的冷处理,就这样与她的闹腾之间形成了恶性循环……当然,桐桐爸在我冷处理之际对她的包容与疼爱也是宝贝疏离我的原因之一(我个人认为,在处理孩子的问题上,即使一方处理方式适当,两个人最好也要保持暂时的一致,保留意见可以事情过后沟通,否则,很容易让孩子钻空子),但我想这不是必然的,最根本的原因还是我没有从心底里做好接纳孩子负性情绪的准备,心里总是隐约盘旋着那么一种"乖宝宝"情结,希望自家的宝贝任何时候都是乖巧可人的,这是多么不现实啊!

想通了这个问题之后,再想到经常有其他妈妈被孩子的负性情绪折磨得一筹莫展,忽然意识到如何处理孩子的负性情绪是个很重要的课题,禁不住想借机谈谈自己对这个问题的更多认识。

就像我们成人都有七情六欲一样,孩子,尤其是两岁以后情绪已经有了复杂分化的孩子,同样会有这样那样的喜怒哀乐,而且,负性情绪表达对于他们来说还尤其重要,因为幼小的他们还没有学会理性的自我疏导,在这种情况下,哭闹、发脾气甚至撒泼对他们来说就是表达需求和发泄不满的主要渠道。如果我们一心想让他们做个乖宝宝,看到孩子的良性情绪就喜不自禁,看到负性情绪就心烦意乱,久而久之,很可能会带来至少三个方面的结果:

第一,孩子会认为,妈妈喜欢的是乖巧快乐的自己,不喜欢焦躁哭闹的自己。在这种感受之下,孩子就可能渐渐学会了隐藏负性情绪,同时形成这样一种印象,父母是不可信赖的,不能无条件地分享内心感受的,这对亲子关系的维系将产生负面影响。

第二,孩子可能会认为,类似哭闹等负面的情绪,连至亲至爱的父母都难以接受,别人肯定更不喜欢了,久而久之,他们就可能学会压抑负面情绪,变得抑郁,甚至带来健康隐患。

第三,有压抑就有宣泄需要,负面情绪压抑久了,孩子很可能会选择对着其他人或物宣泄积郁,比如,摔玩具或布娃娃、打碎别人的玻璃、与小伙伴暴力相向等。

由上述可知,孩子需要自然地坦露他们的各种情绪(自控力的确是一项比较好的调节力量,但在孩子学会理性地看待自己的行为之前,不能期待他们过早地具备这个素质),尤其是负性情绪,这是正常的心理发展需要,作为父母,我们应该尊重他们的表达权利,并最大限度地予以宽容,这是我们的责任,也是养育身心健康宝贝的需要。那么,遇到孩子出现负性情绪的时候,我们应该怎么办呢?

1. 分析行为背后的原因,看看孩子"作"得有没有道理,如果责任在我们自己,则最好立马实施补救,以免影响了亲子关系。比如,如果我们本来答应下班后给孩子买一辆玩具火车的,但回家时匆忙中给忘记了,热切盼望的孩子便可能借题发挥,用哭闹来发泄自己的失望情绪,如果果然是这个原因,那么我们就应该立马带孩子去买(如果当时出去不方便,就要跟孩子解释清楚),这是一种坚守承诺的示范,也是缓解孩子负性情绪的药方。

2. 即使不是我们自身的原因,也要先共鸣孩子的感受,然后通过沟通了解孩子情绪背后的原因,如果孩子很配合地告诉我们,则我们可以和他一起想办法解决问题。比如,孩子突然变得闷闷不乐,我们就可以走过去拍拍他的肩膀或者拥住他,问问有什么不开心的事,如果孩子有意跟我们沟通,就可能把背后的原因跟我们倾诉,这时我们便可以考虑提供孩子所需的帮助。

3. 如果孩子拒绝沟通,则我们就要做到"倾听",默默地陪着孩子发泄,或者说些"无论发生了什么事,我们都会在你身边"之类的心语,让孩子感到我们的支撑和爱;如果孩子生气正好是我们的原因,此时可能会表现得特别激动,甚至变本加厉地跟我们闹;如果不是我们的原因,则更要耐心倾听,这个时候我们最好保持冷静,坚持陪孩子在哭闹中完成心理的康复。

4. 如果我们因为无法接受孩子情绪带来的"暴风雨"而难以做到倾听,就不要硬撑着,可以让其他家人帮着留心哭闹孩子的安全,自己到另一个房间冷静一下,离开之前可以跟孩子解释一下,比如"妈妈感到自己的脑袋都快爆炸了,看来妈妈需要冷静一下"之类的,但千万不要说些"再哭就不喜欢你了"、"哭够了再来找我"之类的话,我们可以让孩子看到自己耐性的极限,但不能否定孩子的情绪,给孩子的痛苦雪上加霜。

5. 如果我们没有选择陪孩子经历情绪的暴风雨,则过后可以择机跟孩子沟通哭闹一事的前因后果,这样,不管孩子是否会选择跟我们倾诉,都会感到妈妈非常在意他,在真心爱着他。

给孩子自己动手的机会

甜甜要吃橙汁,妈妈习惯性地拿出研磨器并把橙子切开,准备给她研磨,谁知此时小家伙来了兴致,突然要求自己来,由于这个活没有安全隐患,也没有什么技术含量,妈妈便立马把动手的机会给了她。小家伙兴奋地拿过橙子,就在研磨器上研磨起来,由于力道不足,每次都榨不出多少东西,但小家伙榨得非常开心,每次看到橙汁顺着容器往下流,小家伙都乐得不得了……

乐极生悲,甜甜亲自动手做橙汁的场景被奶奶看到了,爱孙女心切的老人几乎是冲到了母女俩身边,很不高兴地对妈妈说:"这么小的孩子会做啥!又不是连榨橙汁的时间都没有,哪轮得到孩子亲自动手!出了危险怎么办?!"不由分说,拿过甜甜手里的橙子,就帮孙女研磨起来,丝毫没注意妈妈无奈的眼神和甜甜失望的表情……

相信这样的片段在很多家庭并不陌生,随着独生子女日益成为一种社会现象,越来越多的孩子被家人当"小公主"、"小皇帝"供养起来,他们的衣食住行几乎被"疼爱"其的长辈全包,日常生活中只需衣来伸手、饭来张口,用老一辈的话说,可谓"生活在蜜罐罐里"了,然而,对于这些没有动手机会的孩子来说,果真会感觉如此甜蜜吗?这就引出一个值得讨论的话题:孩子享受不需自己动手的生活吗?

答案是否定的。

一般来说,孩子进入一岁之后,随着自我意识的萌芽和大小动作的发展,就渐渐萌发了独立做事的愿望:从试图自己独立掌勺吃饭到尝试自己穿鞋穿衣,由喜欢亲自往垃圾桶里丢垃圾到学着爸爸独立操作简单的按钮,从帮妈妈摆碗筷到铺自己的小床……他们带着孩子特有的好奇,渴望参与周围世界的运作,并在这个过程中体验自己的力量。如果他们的独立活动要求得到满足和成人的支持,将会产生各种积极的情感体验,进而获得更好的发展结果:

1. 当孩子被允许自己动手时,他们希望动手的内心需求不仅得到了满足,还将同时体验到一份能力被信任的感觉,这种信任感会让孩子体验到高质量的爱,而一个内心需求得到满足、被高质量的爱包围的孩子,他的内心是平静的,较少产生情绪风暴、更容易专注地去探索外部世界。

2. 孩子在自己动手的过程中,将有机会获得各种"本领",并经由自己的劳动成果获得成就感,久而久之,他们将由此积累对自身能力的信心,进而获得强大的内心力量,更善于独立地面对外部的世界。

3. 孩子自己动手的过程也是发展本体感的过程,本体感是个体对自己身体的感觉,这种感觉对完成动作的质量相当重要,或者说它本身就是行为的一个方面,经常有机会独立做事的孩子,本体感将有更多的发展机会,日积月累,孩子不用眼睛来看,就可以自如地运作身体,在这样的前提下,孩子才可以腾出自己的心理空间,去做更加高级的事情。

由此可见,孩子在身心发展过程中,不仅会自发地爱上动手尝试做各种感兴趣或力所能及的事情,从中获得的积极情感体验也会反过来为他们的成长助力,进而形成积极情感体验和更好发展结果之间的良性循环。反之,如果孩子自主做事的愿望得不到满足,孩子不仅将无从体验到上述积极情感,心理和行为技能的发展也会相应受到一定程度的影响,因为独立动手做事需要孩子调动多种感官、动作技能和手眼、手耳、身脑等协调能力,这是一个非常好的感统训练过程,有助于预防感统失调的现象发生。众所周知,感统失调的孩子,在以后的生活学习中更容易出现这样那样的问题,比如走路撞到桌椅、写字歪七扭八、做事磨磨蹭蹭、听课爱做小动作、胆怯退缩等等,进而被同学嘲笑或被老师责骂。

坤坤是一个非常可爱的小男生,而且是家里的"三代单传",自然得到了父母双方大家庭上上下下的宠爱,父母对他的期望值也非常高,希望他学业有成,光耀门楣。为了这个目标,从小家里人什么都不让他做,只需他跟着妈妈到处赶场子上亲子早教班之类的,久而久之,小家伙也习惯了这样的安排。前年,小家伙在家人的择校努力下,上了一所不错的小学,一开始,由于课外各种辅导班的积累,成绩倒也不错,然而,好景不长,还没到三年级,小家伙就越来越让妈妈头疼了,因为他放学后做作业越来越磨蹭、脾气变得越来越大,动不动就跟妈妈吵闹甚至肢体冲突,老师则反映他上课时铅笔盒总是掉在地上、下课后总是喜欢到处捣乱,招惹周围的同学……妈妈发愁地去带坤坤看心理专家,专家给出的建议竟然是回家多让坤坤动手做点事,不要光"负责"学习,否则,孩子感觉统合能力将越来越差,万一超过12岁还依然失调,就很难矫正了!

坤坤的案例告诉我们,家长不给孩子自主做事的机会,从长远来看,并不是对孩子真正的爱,相反,它是一种潜在的伤害,不利于孩子身心健康的顺利发展。

那么,从帮助孩子获得更好的发展结果、避免包办代替的负面影响起见,家长在哪些事情上,可以放手让0—3岁的宝宝自己去尝试呢?根据国外专家建议的不同年龄孩子可以自理的家务清单,结合我个人教养女儿桐桐的经验,建议家长在如下事情上考虑放手:

1—2 岁：

- 自己拿勺子或者用手抓握食物吃饭
- 将用过的尿片或其他垃圾扔进垃圾桶
- 给家人或客人拿水果
- 把自己的小鞋子摆整齐

2—3 岁：

- 选择次日要穿的衣服
- 自主大小便
- 帮助成人拣菜
- 成人晾衣服时做小帮手
- 铺床单时帮大人扯床单
- 收拾自己的玩具
- 浇花
- 刷牙
- 独立睡觉
- 帮妈妈摆碗筷
- 出门拎自己较轻的东西（以不影响小肌肉骨骼发展为宜，目的是培养对自己的责任感）
- 自己穿衣服、鞋子
- 擦桌子
- 喂宠物
- 帮妈妈拿东西

值得注意的是，这份清单，只是根据孩子的年龄特点给出的比较通用的建议，具体到每个不同的宝宝和家庭，家长又会面临千差万别的情况，所以不必拘泥于这份清单，只要是符合如下三个原则的事情，都可以给孩子自主去做的机会：

1. 动作没有安全隐患，或者成人的监护可以消除这种隐患。
2. 孩子感兴趣，愿意做。
3. 孩子力所能及，或者经过一定的练习可以胜任。

需要提醒的是，在放手让孩子自主做事的过程中，家长需要建立几个观念：

1. 放手让孩子去做事，不要太注重孩子做的结果，特别是初次尝试的结果，因为做的本身对孩子来说就是很好的情感体验或能力积累过程。所以，考虑一件事要不要放手的时候，尽量不要从"孩子能不能做好"这个结果进行考量，而是应该将重点放在刚才提到的三个原则。

2. 在孩子自主做事的过程中，家长的主要"职责"是确保孩子的安全，而非指手画脚，只要孩子不求助，最好学会"袖手旁观"，不打扰孩子，以免破坏孩子对自身能力的良好体验。反之，孩子因为能力不逮求助时，就要耐心相助。

3. 如果孩子做的时候反而把事情搞糟，也千万不要批评孩子，肯定孩子的动机，与孩子一起分析没有成功的原因更有助于孩子进步。批评不仅于事无补,而且容易让孩子把当前所做的事与消极的情感体验建立链接,不利于孩子维持独立自主的欲望。

给孩子做他自己的机会

每个孩子都是一个独立的个体,虽然他的生命来源于父母,但从呱呱坠地那一刻起,他就开启了自己的人生之旅,不再从属于父母,也不再从属于任何人,从这个意义上说,如何让孩子成为更好的自己,而不是成为父母规划、设计出来的"教育产品",应该成为家庭教育的要义之一。反之,按照期待的模式去打造孩子,其实就是对孩子成长自由的剥夺,说得难听一点,是不把孩子当"人"看——把孩子当成了没有生命、依赖特定程序运行的机器。

然而,很多家长,或者因为不懂得这个要义,或者习惯了控制和支配的思维方式,或者以爱的名义包办代替太多,致使孩子无法成为自己喜欢的样子,甚至因此出现这样那样的发展问题,让人痛惜。这不是危言耸听,屡见报端的因为不堪忍受父母控制而自杀或杀母的例子就是一个极端。

我个人在教养过程中,因为事先有所耳闻父母过于干涉孩子的成长自由而出现悲剧的例子,也因为秉持"家庭教育的最高境界,是让孩子成为最好的自己"这一育儿观,一直在努力帮女儿桐桐成为最好的自己,也很欣慰如今十岁的女儿桐桐能一直有机会做她喜欢的事,并渐渐成为一个非常懂得爱自己、为自己的学习生活负责的孩子。她健康、快乐,有主见,用前年参加抗挫力训练营时一个专业导师的话说,"是个内心非常强大的孩子"。当然,为了这样一个培养目标,我也花费了很多心思,下面就分享一下自己的心得体验。

一、避免在孩子身上投射自己的未竟心愿

家长在带孩子的过程中,很容易心存一种"未完成情结",会不由自主地把一些自己难以实现的心愿投射在孩子身上,期待孩子成为自己理想中的那个样子。这一点,一开始我也不能完全免俗,比如,我本人的性格比较内向,有轻微的社交焦虑,因此错失了很多发展机会,以至于看到那些开朗大方、公共场合侃侃而谈的人,就心生羡慕。有桐桐之前,我就很多次暗暗祈祷,以后自己的孩子千万不要再像自己一样"怂"。可是事与愿违,桐桐恰恰在很大程度上遗传了我的内向,人前一度懦懦怯怯的,这种状态曾让我很忧心,怕小家伙走向社会后会因此埋没自己的一些能力。但很快我就意识到担心和顾虑都是没有用的,孩子不可能按照自己的期待成长,坦然地接纳反而能够给孩子情感的支撑,帮她更勇敢地面对外面的世界。每次我再为小家伙的羞怯和退缩揪心的时候,就有意地这样"敲打"一下自己,终于做到了越来越坦然。

因为坦然,也就越来越接纳桐桐本来的样子,每次她有点胆怯的时候,我都能给她理解与支撑,不急着逼她去"勇敢",而是在身后默默地陪她……大约因了这份理解与支撑,奇迹出现了:原本很容易怕这怕那的桐桐,竟然日渐变成了一个勇敢、开朗的孩子。刚上托班的时候,上个公开课还吓得哇哇大哭,到了幼儿园中班,就能积极举手发言了,而今,已经成为小学生的她,更是成了一个上课比较活跃的孩子,她一年级的时候,我带她去三亚参加青少年抗挫力训练营,作为班上最小的孩子之一,竟然连跟中学生哥哥姐姐们 PK 都不怕!

二、不拿孩子作横向的比较

不知从什么时候起,网络上开始流行一句话:"我们都有个宿敌,那就是别人家的小孩。"一句看似无奈的调侃,其实很讽刺地折射出很多家庭教养中非常容易存在的问题,那就是喜欢把自家孩子跟别人家孩子比来比去,看到李家小朋友画画好,就嫌自家孩子画不出同样的水平;看到张家小朋友跳舞好,也拿来刺激自家孩子。殊不知,别家的小朋友千千万,总有这样那样好的方面,老是拿别家孩子的发展状态为自家孩子设立发展的标杆,给孩子太多压力姑且不论,还很容易对孩子自己的天赋基础视而不见,让孩子没有机会去做自己,只能被动地去做别人。

我个人特别反对这种做法,在日常的教养工作中,我从不拿桐桐去跟别的孩子作功利的比较,即使桐桐自己看到自己画的画不如别人,或者因为做的其他事情不如别人而难过时,我也会对她说:"宝贝,他是他,你是你,你不一定非要跟他一样,只要你努力去做了,就是最棒的。"或者对她说:"虽然你跳舞不如她跳得好,但画画比她棒啊,每个人都有自己做得好的地方,也会有做得不够好的地方,无论你是什么样子的,妈妈都爱你!"

大约因为经常听到这样的鼓励,桐桐对自己越来越自信,"我为自己骄傲!"偶尔还能听到她说出这样让人惊喜的话。

三、给孩子自主成长的权利

帮孩子规划自己的发展是很多家长乐此不疲的事情,孩子很小的时候,他们就不惜代价地为孩子报这样那样的早教辅导班,并不辞辛苦地陪读,不管孩子是否喜欢这样,都会以爱的名义忽略孩子的感受,以便帮孩子在尽可能多的领域有所发展。有时候这样的付出的确会有让人欣慰的结果——孩子在各方面的成长都十分突出,但也有些时候,孩子的生活因此失去了自主的乐趣。曾经有一个每天被妈妈拖着去上课的孩子,很优秀,但私下告诉我:"我好怕礼拜六啊,一整天都要上课!"

我是那种把孩子的自主性看得比发展的结果更为重要的妈妈,在教养中努力做到的一点,就是给桐桐发展的自主权,不让自己"好心"的安排剥夺了她选择的权利,在发展自己的哪些特长、以什么形式发展方面,总是尽量尊重她的意见——她渴望上辅导班的时候,即使经济紧张也尽量满足她的要求;在她不喜欢上辅导班的时候,再希望她去也不会强迫她。这样,虽然桐桐极少去上什么辅导班,在很多领域都没有上辅导班的小朋友学得好,但看到她能健健康康地以正常的节奏向前发展,且那么享受自发探索、自由发展的快乐,还是感觉很欣慰,因为,让孩子成为她自己兴许比成为天才更可贵!

为什么我很少写女儿的缺点或错误?

这几年,为了最大限度地利用碎片时间,我养成了随时用微博记录教养实践和理论思考的习惯,但涉及女儿桐桐的记录,大都是正面的,极少记录她的缺点。有一天,就看到这么一条评论,觉得很有意思。评论里说:

> 怎么全部都是表现好的~难道孩子就没有表现不好的地方!
> 以前有人告诉我:妈妈看孩子都是认为自己的孩子好,孩子犯了错误都会原谅他,但别人的孩子犯了同样的错误就觉得应该教育!

> 我现在明白了孩子是一定要交给人家教的……

看了,觉得很好玩,平时我很少回复网友们的评论(不是不想,是时间总是很赶,因为我发微博都是见缝插针的,通常发完就下线了,来不及一一回复),不大符合事实的质疑声音,我回复得更少,因为觉得没有必要解释什么。

但看到这条评论,却突然想啰嗦几句,不是为了澄清什么,因为无须澄清什么,经常看我微博和博文的朋友都知道,我并非不写桐桐缺点(甚至在《从"零"开始做父母》这本书的开篇,就提到桐桐有过的缺点),也并非总是觉得只有自己孩子好,"犯了错误都会原谅他,但别人的孩子犯了同样的错误就觉得应该教育!"在我眼里,每个孩子都是天使,都有犯错误的权利,桐桐犯了错误,该教育的我不会姑息;别人家的孩子犯了错误,我也没觉得有什么不可原谅的,孩子是在"问题"中成长的,有时候,犯错误也是他们成长的方式。

不过,坦白地说,相比我提到的桐桐的优点(不是为了炫耀,只是想把看到的记下来,她值得我这样认真记录,也希望她长大了,看到自己让人骄傲的成长轨迹),博客和微博中缺点的确要少得多。一方面,这当然是因为桐桐的优点本来就比缺点多;另一方面,就关乎我的教养观了,这也是写这篇文字想重点交流的一个话题。

首先,我承认我是一个更关注孩子优点的妈妈,而且这是有意修炼的结果。一开始我也不是这样子的。改变发生在一次讲座之后。

有一次,单位的午间工作坊由著名幼教专家黄娟娟老师主讲,讲座一开始,黄老师给我们呈现了一些题目,这些题目,有三个对的一个错的,她问我们看到了什么。结果包括我在内的许多家长,几乎异口同声地回答:"有一道题目错了!"听到这么压倒性的答案,黄老师笑了,问:"有没有老师看到有三道题目对了?"

听到黄老师这句问话,恍然大悟,原来,包括我在内的这么多家长,都更倾向于盯着孩子的短处不放,却忽视了孩子的长处。可以想象,当孩子有三个优点一个缺点的时候,去看到他的三个优点与盯住一个缺点的不同做法带给孩子的感受是多么不同!不管我们是否"看到",孩子的优点都在那里,错误也都在那里。我们可以去关注孩子的错误,但如果先看到他的优点并不失时机地表达自己的赞赏,那么久而久之,孩子的内心可能会更有力量,自然更有勇气去面对自己的错误。反过来,如果对孩子的优点视而不见,只盯着孩子的错误,那么,我们传达给孩子的信息就基本都是否定性的,在这种教养环境下成长的孩子,就非常容易形成否定性的自我评价,带着这样的自我意识成长的孩子,其结果反而很难像"明察秋毫"父母塑造的那么乐观。

其次,即使看到了孩子的错误,我也会尽量避免"大鸣、大放、大字报"公之于众。虽然在特定时间段之内孩子的错误是客观存在的,但这并不意味着过了一段时间这个错误依然存在,因为我们的孩子都是成长中的个体,有时候出现错误,很可能只是成长中正常的现象,是他在以正常的节奏向前成长的标志,比如大脾气、护东西等,对于这样发展性的问题,我有足够的耐心去等待,无须急着给他定性。即使孩子的缺点或错误不是发展性的,是人为的,也不是不可原谅的,因为我们都是这样长大的。我爱桐桐,爱的是她本来的样子,她做对了我爱她,她做错了我依然爱她,我愿意在全然接纳她的前提下去陪伴她改正那些应该改正的错误,而陪孩子面对错误的过程未必一定需要公开她的错误这个环节。我一直坚持的一个原则是,公开表扬,私下批评。不是为了自己的面子,而是为了孩子的尊严。我允许自己有意在博客或微博中"忽略"孩子的弱点,尽管这样会让我的记录不那么全面和客观,但那又怎么样呢?我的记录,是一个母亲为孩子做的最为本能的成长记录,是为了将来的纪念分享与交流,而不是为了接受赞美或评判。我允许自己这样任性。

最后,孩子的错误,有时候并不是她自己的错误,而是我作为家长教养方式不当导致的。就像卢梭在著名的教育经典《爱弥儿》中开篇宣称的那样,"出自造物主手的东西都是好的,而一旦到了人的手里就全变坏了",每个孩子生下来原本都是天使,是我不那么适合她身心发展的教养方式让她出现了偏差,这个时候,需要批判和改进的就是我的教养方式,而不是她。再说,有时候,孩子的错误或缺点,甚至不是一个真命题,而是我们内心恐惧或未竟心愿的投射,未必是真正需要干预的。比如,我个人是个性格内向的人,当众发言的能力不是很强。因为对自己这方面不够接纳,我一度过分希望桐桐能成为一个能当众侃侃而谈的人,心怀这样的期待,看到桐桐当众发言发憷甚至怯场的时候,我就特别难以接受,觉得这真是一个大缺点大问题,急着去干预。后来参加了一些个人成长的课程,才慢慢意识到自己内心的焦虑和恐惧是如何影响了看待孩子的眼光。而孩子,性情内向点,并不是那么可怕的事情,更多地,这是先天遗传基础决定的气质类型,而气质类型是没有好坏之分的,每种气质类型都有优长劣短,面对性情内敛的宝贝,我需要做的是如何因势利导扬长避短,而不是把这方面作为缺点去焦虑。

第三章　了解孩子，让爱更美好

　　了解孩子的内心需求，才能给他需要的爱，本部分呈现教养中常见的棘手问题，剖析其背后的原因，让读者对孩子的"问题"行为多一份理解与宽容。

孩子吃手背后的"真相"

几乎每个妈妈在带孩子的过程中,都会遇到宝贝爱吃手的现象,由于手上可能携带各种细菌,这种现象总是难免让人担心,如何矫正孩子的这种行为,就成为家长十分关心的问题。那么,孩子为什么爱吃手?家长又该如何作出反应呢?下面就谈谈孩子吃手的不同原因及对策。

一般来说,孩子吃手不外乎三大原因。一个原因跟孩子的心理发展规律有关,属正常表现,但如果处理不当,也可能引起异常反应。一个原因跟孩子的情绪反应有关,需要父母认真排查原因,对症下药。最后一个原因跟家长处理问题的方式有关,需要家长调整自己的教育方式。

一、心理发展规律所致的吃手行为及对策

对于0—1岁的小宝宝来说,吃手一般来说都是心理发展规律使然,因为孩子出生不久,就要进入一个口腔敏感期,口腔对于这个年龄的宝宝来说,扮演着非常重要的"角色",它是小家伙感知事物、探索世界、获得快感的一个重要工具。在运用口腔的过程中,小家伙通过口、齿、唇的运动锻炼了咀嚼功能,并为语言的发展打下基础,不可忽视。

有的妈妈担心小家伙因此吃进去了什么致病细菌,就给孩子带上小手套,试图阻止小家伙的吃手行为,其实这是非常不科学的行为,它不仅容易阻止孩子认知世界和获得快感的过程,还非常容易因为人为阻止孩子的心理发育过程而引起滞后反应——孩子的吃手行为虽然当时被制止了,在今后的成长过程中却很容易以其他多种形式表现出来,比如,到了比较大的年龄还喜欢咬手指、咬人、爱吃零食、喜欢吐口水等。到时候再矫正，就事倍功半了。

所以，对于一岁之内的小宝宝来说，当他们爱上吃手的时候，妈妈不妨坦然以对，把孩子的小手洗干净，随他去吃，孩子在自由的吃手过程中得到满足后，自然会进入更高的心理发展阶段，放弃吃手。

二、情绪反应所致的吃手行为及对策

对于一岁以上的宝宝来说，随着情绪体验的日益丰富，吃手往往更容易跟孩子的情绪反应有关，需要家长根据孩子所处的教养环境，逐步排查原因，对症下药。典型的有如下两种情况：

1. 感觉无聊

当父母过于忙碌而忽视孩子时，孩子也会感觉无聊，由于年幼的他们尚无理性的宣泄渠道，吃手就很容易成为他们满足自己情感需求、唤起父母关注的一种手段。

如果孩子的吃手属于这种情况，家长就要注意多陪陪孩子了，尽量进行丰富的亲子活动，消除孩子的无聊情绪，让他们有事可做。

2. 焦虑情绪

对于幼小的孩子来说，生活中常常充满让他们紧张焦虑的事情，比如更换保姆了、要搬家了、要入园了、爸爸妈妈吵架了、妈妈出差了等，许多对成人来说看似不值一提的小事，对于孩子来说都可能是对他们安全感的巨大威胁，让他们感到紧张焦虑，这种情绪控制之下，孩子就可能发生行为的倒退现象——通过吃手来平静自己的情绪。

如果孩子近期的生活环境中正好有上述提到的各种突发事件，家长就要格外注意消除突发事件的负面影响，缓解孩子的紧张情绪，以此防治孩子的吃手行为。

三、不当教育方式引发的吃手行为及对策

有的家长喜欢"明察秋毫"，见不得孩子出现什么小异常，一旦发现什么不好的苗头，就小题大做，反应过激，结果对孩子的行为造成了不当的强化，恶化问题的严重程度。孩子的吃手行为也可能源于这种原因。

比如，孩子吃手，原本是偶尔为之的无意之举，家长发现了之后，就开始大做文章，对孩子的行为进行斥责、打手警戒，甚至动辄当面拿孩子的这个毛病说事——"我们家孩子不知怎么回事，最近老爱吃手"、"这孩子这么大了，怎么不懂讲卫生，竟然还吃手"……这样一来，孩子就可能发现，原来吃手这个行为会有这么大的力量，可以让爸爸妈妈关注到这个程度，太好玩了！于是乎，在叛逆心理的支配下，孩子就可能频繁利用这种行为牵制父母了！

如果孩子的吃手属于这种情况，家长就要学会淡化问题的处理方式。一方面，对孩子的吃手行为实行冷处理，视而不见，让孩子体验不到这种行为的力量；另一方面，多提供丰富的亲子活动来转移孩子的注意力，密切亲子关系巩固孩子的安全感，让孩子不必通过吃手就可以获得情感的满足。

总之，孩子吃手的时候，简单粗暴的制止并不能从根本上解决问题，排查孩子吃手背后的原因，对症下药，才能从根本上解决问题。

"尿娃娃"不懂脏

上一分钟，桐桐还在床上玩得好好的，下一分钟表情就开始不对头了,随着小家伙的眼神往下一看,My God! 脚下的床席子已经是一片小水洼,更令人哭笑不得的是,看到小水洼的宝贝忽然兴奋地用小脚丫在上面"啪啪"地踩了起来,一边踩一边兴奋地叫着:
"这是我的小水塘!"

对于两岁左右的孩子妈妈来说,类似的场景一定是司空见惯了,"惯"到让人在哭笑不得的同时产生如下怀疑:这孩子怎么不知道脏净呢?甚至,还可能狠狠地把孩子批评一顿,因为他们的行为让人怀疑有故意的成分,而且经常把家里搞得一团糟!

然而,真要是就此把孩子批评一顿,还真是冤枉了他们,要知道,他们还是分不清脏、净的"尿娃娃"呢!

从弗洛伊德的精神分析理论来看,两岁多的孩子,正处在对大小便这类排泄物感兴趣的时期,对他们来说,这东西和日常用的杯子、玩具差不多,一点也不脏,所以他们会理直气壮地跟心爱的宠物共享自己的便便,甚至玩弄自己的小便,也正因为此,他们即使能在成人的训练下养成到马桶排便的习惯,却很难做到不会违规——偶尔在床上或地板上乱撒尿——对于他们来说,随地撒泡尿实在没有什么值得大惊小怪的,又不是什么脏东西嘛! 要想让他们做到无一例外地去马桶排尿,还需要等到他们更精细地区分脏与干净了才行。了解了这一点,在宝贝偶尔随地小便时我们就会更加宽容。

虽然两岁是比较适合训练排便习惯的时期,在这个时期开始训练孩子排便事半功倍,很容易出现效果,但也应该看到,对于孩子来说,学习排便的过程跟学习其他事情相同,难免会不小心忘记,或是努力做却没做好;另外,对于这个时期的孩子来说,让他们控制小便远远不如大便容易,所以有的孩子可以做到每次大便时都告诉父母,小便则做不到,对此当父母的应该多一点耐心。

另外,孩子入园后,也可能会出现生活技能的倒退行为,比如,本来已经养成了排便习惯的孩子,忽然变得爱随地撒尿了,遇到这种情况最好不要紧张,他们只不过是在释放自己的焦虑或者想借机引起成人的关注。等入园焦虑渐渐消失,这类行为自然会越来越少。桐桐就有这种表现。

黏人不是坏习惯

对于3岁之前的宝宝妈妈来说,恐怕黏人是个最让人纠结的问题了,眼看着小家伙像橡皮膏一样贴在自己身上,很多妈妈都会陷入不知所措的境地:任他黏吧,怕他的独立性就此受到影响;拒绝他黏吧,小家伙撕心裂肺的哭声又让人于心不忍……那么,究竟该如何看待宝宝的黏人行为呢?妈妈们又该如何处理,才能既不影响宝宝的身心发展,又能让宝宝得到充分的情感满足呢?下面就谈谈这个问题。

妈妈首先可以确信的是,黏人不是自家宝宝特有的坏习惯,而是几乎所有宝宝3岁前都会出现的正常心理现象。一般来说,宝宝出生后不久,就会本能意识到妈妈对于自己生存和快乐的重要性,对妈妈的偏爱变得特别强烈,喜欢在妈妈怀抱里或身边寻求情感满足和支撑,一旦妈妈离开,就会出现分离焦虑,这在6个月之后的"认生期"、1—2岁的依恋关系明确期、生病或成长环境中出现突发事件时,渴望独立又有点担心自己能力不及时还会表现得更加明显。因为对于这个年龄段的宝宝而言,妈妈温暖的怀抱对他们的成长意义巨大：

一、安全感的港湾

对于几个月甚至 3 岁之前的宝宝而言，安全感是他们第一位的心理需要，生存本能会告诉他们，他们还没有力量去独自面对陌生的世界，须得妈妈的保护才行，所以，孩子天然喜欢偎依在妈妈怀抱里的感觉，对他们来说，那是在经历了诞生而与母体的第一次分离之后，重新建立母婴连接的愉悦体验，滋养着他们对这个世界的安全感。

二、独立愿望背后的支撑

宝宝在逐步走向独立的过程中，也会因为害怕自己能力不逮更需要妈妈的呵护和支撑。表现在行为上，就是希望妈妈能时时陪在自己身边，即使跟自己没有多少肢体接触，也可以在回望时发现妈妈关注自己的身影，对他们而言，妈妈就是他们探索行为的安全基地。

三、自我价值感的来源

一个得到妈妈充分陪伴的孩子，更容易感觉自己是可爱的，值得妈妈关注的，反之，如果妈妈不愿意花时间跟自己在一起，甚至把自己交给其他人照看，宝宝就可能倾向于认为自己是不值得爱的。为了确认自身的价值，宝宝很容易通过黏人来试探妈妈对自己的态度。一旦被妈妈悦纳，就会得到满足感。

由上文可见，"黏人"现象对宝宝的成长意义巨大，因为担心影响小家伙独立性的发展就贸然推开他们并不是明智之举，正如家庭教育畅销书作家小巫女士所说，孩子只有在妈妈身上得到充分的情感满足，才会自然地走向独立。对于很多宝宝来说,尽情地黏妈妈往往是他们走向独立的必经之路,我的女儿桐桐就是经历了橡皮膏一样的黏人阶段后慢慢独立的。

然而,道理虽然如此,现实中很多妈妈却不得不整天往返于家庭与职场而难以给宝贝尽情的陪伴,总有那么一段时间,每天上班时,宝宝都会上演一场哭闹剧,为了避免这种情况,一些妈妈就采取了偷偷离开的办法,殊不知,这种看似"无痛"的分离之举只会让事态变得更糟糕,试想,孩子在没有任何预期的情况下,转身找妈妈的时候,却发现妈妈已经不见了,孩子会是什么感受呢?我想最可能的反应是:妈妈随时都可能消失,以后我一定黏好她!如果妈妈事先本来答应过孩子继续陪她,却又不辞而别,情况还可能更糟,孩子可能会因此发现:原来最爱的妈妈也会欺骗我,太让人伤心了!连最亲的人都不值得信任,那我还应该相信别人么?对这个世界的不信任感,也许就由此生成。

那么,如何才能让孩子适应上班前的分离呢?妈妈一定要做好面对孩子哭声的准备,坦然地跟孩子再见,并告诉孩子下班后会准时回去陪他,这样做的时候,孩子一般都会哭,但这种哭是孩子成长必要的代价,多次反复之后,孩子就会获得一种意识:妈妈会离开,但也会重新回来陪我。这样主动建构的认知,才不会破坏孩子对亲子关系的安全感,才会把孩子导向平静的分离行为。

除了注意每天上班前的分离方式外,妈妈还需要在宝宝生病等容易黏人的特殊时期给他们特殊的照顾,让他们确信妈妈的爱和支撑,进而获得自我价值感。但值得一提的是,在力所能及的情况下放任宝宝去黏并不意味着放弃对其独立性的培养,除了日常生活中多给孩子动手的机会,并对孩子的点滴进步表示赞赏,以便孩子意识到自己的力量,进而增强独立面对世界的信心之外，妈妈还可以采取逐步延长分离时间的方式让孩子逐步适应妈妈不在场的情景，比如，宝宝在大厅里玩积木的时候，告诉他妈妈去厨房里拿一样东西，马上回来，并兑现诺言，让宝宝确信说回来肯定会回来的，并逐步延长离开宝宝"拿东西"或做其他事情的时间，为了加强教育效果，妈妈在重返宝宝身边后还可以夸赞宝宝独立游戏的能力，让宝宝的独立与积极情绪体验之间建立链接。

宝宝咬人为哪般

> 我的宝宝不知道怎么回事，从不到一岁起，就会无缘无故地咬人，一开始只是偶尔咬咬抱他的人的脸或胳膊，后来又发展到跟小朋友玩的时候喜欢下嘴，没有任何征兆。前几天刚入园第三天，就被老师告状，说咬了班里的小朋友，真是让人尴尬……又不是小狗小猫的，这孩子怎么会这么喜欢咬人呢？

类似案例中的这类困惑，在三岁前的孩子家长那里还真不少，虽然"咬人"这件事对大人来说听起来很可笑，对小宝宝而言，却往往是很正常的事情。那么，为什么三岁前的孩子更喜欢咬人呢？这是同他们的身心发展特点有一定关系的，家长可以根据不同的成因对症下药。

一、出牙导致的不适

孩子在三岁之前，乳牙会陆陆续续地萌出，但萌出的过程往往会伴随着酸痒等轻微的痛苦,这段时期,孩子由于口腔的不适感,就很容易通过咬大人的脸、胳膊等来缓解长牙期的不适。

所以,如果家长发现三岁前特别是两岁半前的孩子喜欢咬人,可以首先排查一下孩子是否正在长牙,如果是的话,可以适当给他们提供一点磨牙饼干,或者其他硬质的食物供他缓解萌牙的痛苦。当然,通过有趣的亲子活动转移孩子的注意力也是一种办法。

二、口腔敏感期发展受阻

孩子一岁之前往往要经历一个口腔敏感期,喜欢把拿到手的东西塞进嘴巴里进行探索,但有的成人怕这样不卫生,看到孩子用嘴巴咬东西就会制止,以致孩子的口腔探索欲没有得到充分发展,出现滞后或补偿的现象,其表现之一就是喜欢咬人。

如果孩子的教养存在这种口腔敏感期被人为阻止的情况,家长就要注意给孩子提供不同质地、硬度、味道、形状的干净东西,供他撕咬和品尝,以补偿孩子错失的探索机会,但也有时候,孩子觉得皮肤之外的东西"不解渴",果真如此,我们也不妨牺牲一下,拿洗净的胳膊等痛觉不明显的部位让他咬几次,不要担心孩子会上瘾,就像"蒙台梭利"教育专家孙瑞雪老师所说:"咬皮肤似乎能很快满足这一敏感期,并让孩子迅速度过去。然后,儿童会出现高度的宁静和下一步的智能需求。"

三、用咬人表达爱意

宝宝都是善于模仿的,如果爸爸妈妈经常用亲吻来表达对宝宝的爱,或者索性去咬宝宝白白胖胖的小脚丫、小胳膊等表示亲昵,那么爸爸妈妈用嘴巴表达喜爱的这些行为也可能会被宝宝模仿了去，但由于尚不懂得如何把握"亲吻"的度，结果把牙齿也用上了。我的女儿桐桐入园后也咬过别的小朋友，后来问她为什么咬人家，小家伙给出的原因就是"我想和她一起玩"。

遇到这种情况，一方面，我们要相信，随着孩子交往技能的发展，用咬人来表达爱意的行为会渐渐消失；另一方面，也不妨通过积极引导或避免可能产生负面影响的示范，让孩子放弃或忘记这种表达方式，比如，跟孩子在一起时，尽量别再用亲吻来表达爱意，以免孩子进行不恰当的模仿，并对孩子表达爱意的方式进行指导。

四、好奇心作怪

孩子好奇心很强，小嘴巴又一度是他们探索世界的工具，不排除他们在探索世界的过程中，尝试性地咬了爸爸妈妈，爸爸妈妈出于对他的怜爱，只出现了疼痛的表情反应，却没有及时制止，宝宝就可能以为咬人是被允许的行为；与此同时，爸爸妈妈的表情变化又让他觉得很好玩，就很可能恋上这种捣鬼的感觉，借以观察千变万化的表情。

既然孩子最初咬人是尝试性的，尚不知这种行为是否被允许，家长就不妨在孩子第一次咬人的时候，明确自己的态度，严肃地告诉孩子："别人是用来爱的，不是用来咬的！"并果断地用行动制止，重复几次后，孩子就会接受"人不是用来咬的"这个"探究结果"。此外，孩子咬爸爸妈妈时，爸爸妈妈千万不要反应过激，否则，孩子发现"咬人"的力量越大，就会越倾向于尝试这种左右别人的办法。

五、无聊或发泄情绪

像大人一样,孩子也有无聊的时候,也会有愤怒、紧张、委屈等负性情绪体验,由于幼小的他们尚未掌握理性的宣泄渠道,分不清自己行为的好坏,咬人有时候就成了发泄或反击的方式。

如果是这种原因导致的咬人,家长就要注意平时给孩子充分的关爱、尽量满足孩子的合理需求,一个情感需求得到满足的孩子,他的内心是平静是,是不容易出现咬人的偏差行为的。孩子在强烈负性情绪体验之下咬人的时候,家长在制止的同时,也要让孩子明白:你可以有情绪,但表达情绪的时候不能伤害别人。同时给孩子示范更理性的表达方式,比如画出自己的愤怒、跺脚等。即使孩子因为不接受劝阻而哭闹,家长也要温和地坚持,让孩子明白自己的行为界限。

六、安全感不足而咬人

有的孩子在融入新交往圈子的过程中,也会发生咬人现象,如果排除了用咬人这种不当的方式表达好感这一可能,还有可能是内心的安全感不足,因为害怕受到新伙伴的伤害而用咬人来先发制人,自我保护。一个平时言行怯懦的孩子喜欢这样毫无征兆地攻击别人,就可以考虑这个原因。

如果孩子的咬人属于这种情况,家长平时注意培养孩子的安全感就很重要,给孩子无条件的爱和接纳,让孩子感觉到这个世界是值得信赖和安全的,多多鼓励孩子的点滴进步,让孩子看到自己的力量,就不容易这样敏感多疑先发制人了。

尊重孩子的自言自语

带过孩子的家长经常发现,大约从3岁左右开始,宝宝偶尔会出现自言自语的现象,家长如果不了解孩子心理发展状态,就很容易困惑,不知道孩子的言行为何这么奇怪,甚至因此焦虑孩子是否正常。那么,如何看待这种情况呢?

其实,在孩子身心发展的早期阶段,这种自言自语的现象是有其合理性的,下面就结合不同的情况进行分析。

一、"假想伙伴"引发的自言自语

两岁多的桐桐,最近突然喜欢念叨一个叫"扁哒哒"的小东西自言自语,"扁哒哒生气了,我会叫扁哒哒不要生气,扁哒哒跑开了,我会叫她不要跑开,扁哒哒不想坐着小凳子画画,不想吃饭,不想喝水,不想看书,不想剪指甲,不想铺垫子,不想放蚊帐,哎呀,这样不对,我会生气的。""扁哒哒想穿大裙子,但是穿不上,我给扁哒哒换上小裙子,给自己换上大裙子。"扁哒哒到底是谁呢?妈妈百思不得其解,问桐桐,小家伙在纸上给妈妈画了一个火柴人一样的形象,说那就是她的"扁哒哒"!

桐妈解析:

桐桐这种有对象的自言自语现象,其实是存在一个"假想伙伴"的结果,所谓假想伙伴,也就是孩子自己想象出来的朋友。通常来说,假想伙伴并不是孩子身边具体的形象,而是隐形的,名字也是孩子自己取的,并会在与他人的谈话时提及,儿童在一段时间(至少几个月时间)内与之玩耍,虽然客观上并不存在,但儿童觉得他们是真实的。国外的研究数据显示,42.7%的学龄前儿童有假想伙伴。一般来说,假想伙伴引发的自言自语发生在2岁半至6岁之间。

二、边做事边自言自语

坤坤快3岁了,最近妈妈发现他多了一个习惯,就是在做什么事情的时候喜欢一边动手一边自言自语,比如,一边吃饭一边嘀咕"宝宝自己吃",一边穿袜子一遍念叨"先穿这只脚",等等,妈妈有点看不懂了。

桐妈解析:

这类伴随行动的语言,其实是孩子手头活动的一部分,有着调节并加速活动的功能,因为孩子做事的程序,其实是受一定的语言调节的,语言有内部语言和外部语言之分,3岁前的宝宝以学习外部语言为主,随年龄的增长其内部语言才逐渐形成。宝宝的自言自语正是从外部语言向内部语言的一种过渡。

因此,这种自言自语是正常的,是学习语言的必经过程。不必加以阻止,因为它有助于孩子语言的发展。

三、"万物有灵"思维下的自言自语

静静3岁多了,是个热爱大自然的小姑娘,不过在带小家伙户

外活动的时候,有时妈妈会发现一个奇怪的现象,那就是静静喜欢对着身边的花花草草或小动物念念有词,"你这个坏小猫,让你吃东西偏偏舔我的手?""小花小花,你为什么总是喜欢歪着头呢?你的妈妈在哪里呢?"……

桐妈解析:

瑞士著名儿童心理学家皮亚杰认为,幼小的孩子,尚不能把精神的东西和物质世界相区别,在成年人看来无生命的事物,在儿童眼里大部分是活的、有意识的,能与之对话的。他把这一现象称为儿童的"万物有灵论"。由于这个思维特点的存在,孩子喜欢对着花花草草、猫猫狗狗自言自语也就不足为奇了,要知道,对他们来说,那也是一种交往与对话呢。

由上述分析可见,对于幼小的孩子来说,自言自语其实是很普遍也是很正常的现象,不必担心焦虑,尊重它的客观存在即可。这类看似有意无意的自言自语,其实也是家长了解孩子内心世界的窗口,由于孩子语言表达的这种外部性,孩子内心的想法就可以一览无余。有心的家长,不妨在孩子的具体表达中体察孩子语言背后的情绪,比如,当孩子念叨着"扁哒哒,你的妈妈也经常生气吗"时,妈妈就要反思一下,是不是自己的情绪管理能力需要提高了。当孩子对着小鸟自语"为什么你可以飞这么高呢"时,家长就不妨学着小鸟的声音跟孩子来个互动,给孩子讲讲小鸟飞翔的常识等。

理性看待孩子的"小气"

我女儿活泼开朗,各方面发展都很让人满意,但有一个缺点却让我头疼,那就是从很小的时候起就显得比较"自私",不太容易与他人共享物品。原本以为随着年龄的增长会有所改善,但现在已经大班了,仍然常常让我"丢面子"。如,有一次她拿着两个一模一样的气球,有邻家小妹妹想要一个,我好说歹说她就是不肯。每当遇到这样的情况,我软硬兼施,却大多以哭闹收场。请问,这样的场合我该怎么做?如何培养一个大方的孩子?

看到这个案例,忍不住先啰嗦一种感觉:我们做大人的,常常容易犯一个毛病,那就是自己可以有这样那样的缺点,看到孩子有什么缺点,却觉得很难接受,会产生各种纠结和焦虑,担心孩子的发展受到影响,内疚自己的教育没有到位,特别是孩子的缺点让自己难堪的时候,就觉得更难忍受,为了挽回面子甚至会当着别人的面教育孩子,让孩子也受伤……其实就像没有十全十美的家长一样,绝对完美的孩子是不存在的,总有这样那样的短处,不能期待教育能消除孩子的一切缺点。

为什么要特别强调这一点呢?因为这关系到我们教养的心态问题,如果家长没有这样一个包容的心态,很容易把孩子表现出来的"正常人性"和符合心理发展规律的心理现象当成问题,即使遇到真正的问题,也容易过于聚焦孩子的缺点而忽视自己在教养方面的失误。

言归正传,就以案例中讲到的孩子不给邻家小妹妹气球这一行为为例,姑且不论孩子是否真的存在"不大方"的行为,单单就孩子不愿意让别人分享"两个一模一样"的气球这件事来说,其实行为的性质并不是妈妈想象的那么可怕。因为孩子不愿意分享气球,不外乎如下原因:

第一种,孩子特别喜欢这两个气球,不想分享。这种"自私"行为的背后,其实是非常基本的人性——喜爱的东西就想看得紧一点。应该说这是人之常情,是客观存在的一种心理现象,是每个人都会出现的行为倾向。成人也是一样,对于喜欢的东西(比如喜欢的书、喜欢的首饰之类的)也是不愿意分享的,除非违心作出分享的选择。

第二种,孩子情绪不好,或者不喜欢那个小妹妹,不想对小妹妹表示自己的友好而分享。这也是人之常情,因为情绪情感状态对人的行为影响是很大的,这也是客观的心理规律——不良情绪之下,或者面对讨厌的对象,我们是很难作出社会规范要求的理性选择的,即使对于成人也一样,对于一个社会化过程尚未完全展开的孩子而言,尤其如此。

所以,面对孩子不愿意分享的行为,如果家长仅仅从"分享"这一社会规范期待出发去考虑问题,认为孩子"应该"这样那样,却无视孩子"不分享"背后的心理状态,把客观存在的人性或规律看成可以主观控制的对象,"软硬兼施"强迫孩子分享,则碰壁就在所难免了——孩子不会轻易配合,这反过来又会进一步强化家长关于孩子不愿分享的刻板印象,并加剧孩子受到的"很自私"这一负性心理暗示,久而久之就形成了家长"不愿分享"的评价与孩子"不愿分享"行为之间的恶性循环,让假问题也变成了真问题。

更糟糕的结果,孩子即使最终屈从了家长的意志,把不愿分享的东西分享出去了,天长日久,受到的负性影响也是很大的——孩子就此很容易获得一种意识:即使是自己拥有的特别喜欢的东西,也是没有支配权的。这种意识下成长的孩子,长大后就可能不敢维护自己的正当权益。

当然,也不排除,孩子不愿意分享他的气球,还有可能是第三种原因,即孩子真的没有分享的习惯,没意识到分享是一种好行为。即使出现这种结果,也不完全是孩子的错,更多的还是家庭教养过程中不注意引导造成的,一般来说,如果孩子过了对所有权的敏感期(一般出现在 2—3 岁)依然没有分享习惯,很可能是家庭教养环境存在不利于养成分享习惯的因素,比如:

1. 孩子在家里的地位过于特殊化,有什么好吃的,量再多,大人也舍不得吃,都拿给孩子享用,孩子偶然出现分享行为,不但不及时强化,还不接受,而是反过来对孩子说些"宝宝自己吃就行"之类的话,或者假装吃一口,又完璧归赵。可以想象,这种教养环境下长大的孩子,是多么容易把自己看成世界的中心,分享行为在他的意识里,又是多么多此一举!

2. 孩子有了分享行为,没有及时鼓励与强化,孩子无从经历到分享带来的良好情绪体验,难以形成对分享的积极态度定势。甚至,在孩子把家长认为贵重的东西分享给其他小朋友后,还责怪孩子不知轻重,让孩子对分享行为的后果产生负性体验。

3. 家长本身不善于分享,也没有引导孩子分享的意识,让孩子无从经由"榜样学习"习得这种行为或者获取相关意识。分享习惯不会与生俱来,也不会随着年龄增长自然获得,家长的言传身教和有意识的引导很重要。

总之,如果日常生活中缺乏对分享习惯的养成教育,孩子没有在应该的场合出现期待的分享行为时,家长又在"没面子"的感觉驱使之下现场矫正孩子,委屈和惶惑之下,孩子以哭闹收场也就在情理之中了。

所以,面对孩子"不愿分享"的"自私"行为,明智的家长,不会上来就否定孩子，而是会理性地思考孩子行为背后的原因：孩子是不是特别喜欢那个东西？孩子是不是有情绪？是不是不喜欢对面的那个人？如果是这些原本就会导向不分享行为的客观原因，就只建议、引导，但不强求孩子，哪怕这样会让自己难堪，因为尊重孩子的真实感受比让自己有面子更重要。同时，为了避免孩子缺乏分享意识而造成的"难堪"行为，家长在日常教养中就要注意分享习惯的引导：

1. 家里有什么好吃的，好玩的，大家一起用，一起吃，让孩子从小就认识到：好东西是应该跟别人一起享用的。

2. 孩子出现值得表扬的分享行为后，家长及时加以表扬鼓励，特别是分享给家长的时候，再宝贵的东西，家长也坦然享用，并真诚地表达孩子分享的东西带给他的愉悦感。由于孩子的行为总是被其后果所强化，通过分享得到快乐情绪体验的孩子，自然就倾向于做出更多分享行为了。

3. 家长做好分享的榜样示范，并有意识地通过主题绘本引导等方式培养孩子的分享意识与行为。

不可忽视的秩序感

秩序感是生命体对于事物的空间布局、存在形式、归属或事件发生顺序和谐、有序的要求，学前期的孩子，就处在这样一个敏感的内心世界里，于是就有了"蒙台梭利"教育学派提出的"秩序敏感期"，虽然到目前为止，不同学者对这个敏感期的年龄区间认知有所不同,但一般都认为发生在6岁前,这就决定了对于学前期的孩子而言,"秩序敏感"将是解读他们行为的一个重要维度,值得家长重视。

一、秩序感的主要表现

孩子的秩序感有很多表现形式,最典型的表现形式有如下三种,一旦被破坏,就可能以她特有的方式进行顽抗,给家长造成困扰,所以,理解孩子对秩序感的特有要求,可以更好地理解孩子行为背后的动因,并对症下药解决问题。

1. 对环境布局的"刻板"要求

孩子出生后,周围环境中的固定陈设通常会渐渐成为他生活秩序的一部分,此时儿童的"秩序感在于认识到每样物品在它的环境中所处的位置,记住每件东西应该放在哪里。这意味着一个人能够适应自己的环境,在所有的细节方面都能支配它"。[①] 当他已经习惯的格局被打破时,就会出现焦虑和不安的情绪,甚至大哭不止。蒙台梭利在其《童年的秘密》里举了一个例子,讲的是一个出生大约6个月的小女孩,因为进来做客的一个妇女顺手将伞放在房间的桌子上就大哭大闹起来,直到她的妈妈把那把伞拿走,小女孩才逐渐安静下来。

随着年龄的增长,孩子发现某个东西脱离了常规放置的地方后,可能还会亲自动手把它还原到应该的位置。支配他这种行为的也是秩序感。

2. 对事物所有权的极度敏感

不少家长会有这样的经验:爸爸的拖鞋,如果妈妈穿在自己脚上了,小

---

① 易晓明. 秩序感是儿童道德成长中的重要情感资源[J]. 学前教育研究,2002(2):14—16.

家伙就会显得非常不满,非要妈妈脱下来还给爸爸才可以;爷爷的小凳子,如果爸爸不小心坐在上面了,小家伙就很不感冒,直到把爸爸赶走,把凳子还给爷爷……这样的场景,在一两岁的孩子身上尤其明显,通常会屡试不爽。

这主要是因为,孩子在秩序感的作用下,往往会对特定物体的归属十分敏感,认为家里的什么东西是属于谁的,就是谁的,其他人不能动用,否则,就是破坏了事物存在的法则,值得他去纠正和维护。

3. 对程序的完美要求和预先设计

孩子习惯了事件发生的特定程序之后,就会渐渐偏好那种安排,一旦被调整,就会变得焦虑不安。比如,有一个孩子,妈妈每天送他上幼儿园的路上,都会在楼下买一个包子,可是有一天妈妈因为急着送园,忘记买包子了,孩子就莫名其妙地大哭起来,直到妈妈返回原来卖包子的地方,买了一个包子,重新按照常规的程序送他入园,他才安静下来。

而且,学前期的孩子,由于自我中心思维的存在,往往会把自己的意志强加在事物的发展规则之上,会对特定事情发展的过程和结果有所期待,一旦事情的发展有悖于自己的预期,在其不可逆思维的作用下,就会感觉对外界失去了掌控感,从而引发内心的不安,甚至就此出现哭闹、撒泼等执拗行为。桐桐两岁多的时候,有一天爷爷突然揿我们家的门铃,她一听是爷爷来了,非要去给爷爷开门,可是此时门已经被爸爸打开了,小家伙就不干了,大哭大闹……这就是小家伙的秩序感被破坏后的强烈反应。

二、秩序感对于孩子成长的价值

秩序感对于孩子的成长来说具有非常重要的价值,至少有三个不可忽视的方面：

1. 秩序感是安全感的基础

由于生命产生之初的弱小感，幼小的孩子在习惯了教养环境中的日常安排后，就会非常期待周围事物的运行都是可以按照期待发生的，这样才可以让他们感觉自己对生活是有掌控能力的，一旦这个秩序体验受到挑战，孩子就会变得非常不安，对环境的安全感产生怀疑。正如心理学家马斯洛在谈到人的安全需要时指出"儿童在安全方面的另一种表现，是喜欢某种常规的生活节奏。他们仿佛希望有一个可以预测的有秩序的世界"。所以，对于孩子来说，秩序井然的生活环境是其安全感的基础。

2. 秩序感是道德感的基础

因为对环境和生活的秩序有所要求，在孩子眼里，凡事都是有对错之分的：东西摆放在这个地方，就是对的，摆放在那个地方，就是错的；爸爸的东西，爷爷不能用，妈妈不能用；有人按门铃了，应该我来开门，你开就不行……这类对于事物存在格式和发生秩序的要求，虽然机械，却是孩子最初的规则意识，也是其道德感的基础。因为道德正是人与物、人与人之间所建立的各种规则。

3. 秩序感是条理生活习惯的基础

孩子在秩序感的作用下，往往会以为世界是按照特定的秩序存在的，如果父母能够尊重孩子的这个特点，因势利导，尽量给孩子建立科学规律的作息安排、布置整洁有序的家庭环境、呵护孩子的物权和归位意识，则孩子更容易养成有条理的生活习惯。中央电视台"周末七巧板"栏目在录制《解读孩子的敏感期》系列节目时，就在关于秩序敏感期这一集呈现了这样一个片段：在幼儿园里，一个叫强沛然的小姑娘，即使在周围小伙伴嘈杂、混乱的生活环境中,也能自然地控制自己的行为,按照幼儿园生活的时间安排,自觉地按时吃饭、看书、自由活动、午睡、起床……这种条理性的背后,就是得到充分呵护与尊重的秩序感。

三、尊重孩子的秩序感

由上文可知,孩子的秩序感,是客观存在的,而且有其存在的价值。那么,教养过程中,我们应该如何尊重孩子的秩序感,并因势利导,使其最大限度地发挥教育作用呢?以下几点值得注意。

1. 尽量不频繁更换孩子的教养环境

有的职场妈妈在返岗上班后,为了减轻自己的压力,采取了将孩子放在外婆、奶奶和自己家轮流抚养的做法,甚至奶奶养一周,外婆养一周,自己养一周;或者工作日在外婆或奶奶家,周末接过来……殊不知,这是非常伤害孩子秩序感的做法,特别是对于婴儿期的孩子来说,频繁变换的生活环境,将使孩子很难产生稳定的秩序体验,进而冲击他们对这个世界的安全感。所以,从保护孩子的秩序感起见,孩子出生后,最好让他在一个相对稳定的生活环境中成长。

2. 努力建立科学的生活作息秩序

对秩序的偏好使得孩子天然喜欢有规律的生活,家长不妨利用这一点,自孩子出生起,就帮他建立一种合理、科学的作息秩序,让孩子逐步适应这种有规律的生活,为今后良好的生活习惯奠定基础。

3. 营造整洁有序的生活空间环境

物品摆放有序的生活环境更容易让秩序敏感期的孩子感到舒适,对环境布局的"刻板"要求又使得孩子乐意维护这种整洁的格局,家长可以借势对孩子的归位习惯提出要求,让他们在协同维护整洁环境的努力中养成归位意识。

4. 尊重孩子的物权敏感

孩子对特定物品的所有权产生敏感之后,家长就要注意尊重这种敏感,尽量不混淆物品的所有权,至少不在孩子的面前交换使用,更不能压制孩子对区分所有权的主张,否则,孩子很容易获得一种意识:物品的所有权是可以很混乱的。这对于孩子发展自己的所有权意识并不是一件好事,容易使得他们长大后也不敢维护自己的正当权益。

5. 理解孩子对程序的要求

当孩子因为已经习惯的或者头脑中预期的程序被破坏而哭闹时,家长要理解孩子对于秩序的强烈要求,耐心地处理问题。"重来"通常是很有效的解决对策,在无法"重来"的情况下,也要做好解释工作,这样做的时候,孩子可能并不马上买账,依旧大哭大闹,但这是一种健康的痛苦,孩子在宣泄的过程中,也会慢慢明白,有些事情是不能重来的。家长需要做的,则是倾听孩子的痛苦,接纳孩子的感受。其实,只要让孩子明白家长能够理解他的感受,就会多一份面对的勇气,甚至就可以启动有条理的思维,行为也变得"正常"起来。

孩子嘴硬,事出有因

飞飞是个中班的小男生,别看年龄小,嘴巴却很厉害,平时做了什么错事,妈妈一批评教育,小家伙就会立马启动"三寸不烂之舌",据理力争,拒不承认,仿佛自己从来不会犯错误,都是妈妈在无理取闹。比如前些天他把小鞋子丢进花盆里,把刚出芽的花苗给压断了,妈妈批评他这样做不对,他就无论如何也不承认错误,吓唬他也不管用,偶尔妈妈还尝试过打的办法,也不管用,用妈妈的话说:这孩子,执拗得让人抓狂……

像案例中飞飞这样嘴硬的孩子,往往会让家长带起来非常棘手,因为这类孩子给人的感觉是非常难以制服,非常执拗,可以说非常考验家长的耐心和智慧,有的家长遇到这种情况,索性就采取责骂甚至打的办法,然而却治标不治本,这次压住了,下次再遇到什么事情,小家伙依然嘴硬……

这种孩子果真"不可救药"么?其实不是的,如果家长能够深入了解孩子嘴硬背后的心理特点,就会发现,这类孩子,并非无药可治,只要对准他们的心理需求,问题并不像想象的那么难以解决。那么,孩子嘴硬背后的心理动因是什么呢?家长又该如何应对,才能逐一破除嘴硬孩子的心理壁垒呢?下面就来分析一下,家长可以对照这些心理原因,逐个排查孩子身上存在的可能,对症下药。

一、亲子关系不良导致的嘴硬

俗话说,"亲其师方能信其道",孩子接受某个人的批评教育,往往是有前提的,那就是他跟批评教育者之间有着密切的心理关系,愿意接受他的教导,否则,即使是亲生父母,也很难凭借血缘优势顺利"收服"他。所以,如果亲子之间的关系不够牢固和密切,孩子感受不到妈妈发自内心的爱,孩子犯了错误,妈妈讲得再有道理,他也很难服服帖帖地接受,反驳、拒不承认等嘴硬行为的出现也就在所难免了。

如果孩子的嘴硬属于这种情况,家长就先不要太在意孩子对待批评的态度,亦不要对矫正孩子抱的期望值过高,先想办法密切亲子关系才是更根本的问题解决之道,这在曾经寄养孩子的父母那里,更是值得注意,有的家长把寄养的孩子从老家接过来后,往往很容易把精力放在矫正孩子的各种问题上,殊不知,在亲子关系还没有修复和巩固之前,孩子是不可能听进去多少批评教育的,嘴硬也就顺理成章了。

二、有条件的爱导致的嘴硬

孩子嘴硬,拒不承认错误,还可能源于内心的恐惧,那就是对失去爸爸妈妈的爱的恐惧。这类孩子,往往从亲子互动的经验中发现,如果自己表现得很好、做的事情很对,爸爸妈妈就会非常开心,给他更多的爱,反过来,一旦他做了什么不好的事情,爸爸妈妈就会失望、不耐烦,不再那么亲近他。这种生活经验让孩子获得的意识是:我不能犯错误,一旦犯错误,爸爸妈妈就不爱我了。

因为担心失去爸爸妈妈的爱,这类孩子自然不敢轻易承认自己犯了什么错误,一旦事实上犯了错误,拼命为自己辩解、拒不承认也就在情理之中了。

如果孩子的嘴硬属于这种情况,问题的解决关键,就变成了如何让孩子确认爸爸妈妈无条件的爱,家长要让孩子明白,无论孩子是什么样子的,他都是爸爸妈妈最爱的那个小孩,不会因为他做了错事就有所改变。这样,孩子才有勇气承认错误,不再需要用嘴硬来抵抗。

三、沟通技巧不到位导致的嘴硬

从技术层面上讲,孩子嘴硬还可能是因为听不进家长的说教,或许家长讲的道理是对的,但由于沟通技巧不到位,不能用孩子能够接受的方式传达出来,说到孩子心里去,孩子自然也就难以接受而反驳了。

如果问题的症结在于家长的沟通方式,家长就不妨加强这方面的学习和训练,平时多学习一些亲子沟通的知识,学会共情,孩子在犯了错误之后,尝试先处理孩子的情绪,再处理具体的问题,则孩子接受家长说教的概率就大了许多,"嘴硬"自然也没太必要了。

四、负性示范导致的嘴硬

孩子嘴硬还可能经由模仿习得。有的家长,可能本身就是嘴硬的"典范",不管是与人交往,还是夫妻吵架,都经常上演嘴硬的"好戏",有时候还能从中"获益",旁观的孩子一旦发现亲爱的父母都是这样为人处事的,而且嘴硬能够让他们达到自我保护的目的,甚至能让自己得到额外的好处,自然就乐于模仿了。

如果孩子的嘴硬属于这种情况,家长就要首先检点自己的行为了,如果难以带头改过,没有切断孩子的这个模仿源,就不能对矫治孩子的"嘴硬"行为期望值太高。

由上述分析可见,孩子嘴硬,看似让人棘手的行为问题,其实背后却隐含着更深刻的心理动因,如果家长不了解这一点,一味在如何制止表面的嘴硬行为上做文章,那么,即使能一时奏效,也难以从根本上解决问题。

"贪心不足"背后的心理真相

> 我的孩子总想要更好的玩具,他一开始要变形金刚。买了变形金刚之后,他又要大车子。看见别的小朋友有恐龙,他又要恐龙,家里有恐龙,他说自己要大的。怎么去理解他的这种想法呢?该不该满足宝宝呢?

宝宝对玩具贪心不足的情况,的确有点让家长抓狂:给他买吧,怕他以后变本加厉,见啥要啥;不给他买吧,失望的眼神又让人那么心疼。其实,很多时候,家长不知道如何处理,源于看不懂孩子贪心背后的心理动机——不明白孩子为何要了这还想要那。如果能够觉察到孩子贪心背后的原因,问题的处理或许就简单得多。那么,孩子对玩具贪心不足一般有哪些原因呢?

一、亲子活动过少,孩子过于依赖玩具的陪伴

孩子对玩具的贪恋可能是爸爸妈妈提供的亲子活动过少,或者爸爸妈妈为了做自己的事情,经常塞给孩子一堆玩具来行使保姆的功能,致使孩子不得不在玩具中寻找安慰,对玩具的迷恋也就顺理成章了。

二、情感得不到满足,用玩具来补偿爱的欲求

如果孩子拿到了要求买的玩具,却不知道珍惜,或者并未表现出明显的兴趣,则可以考虑让孩子用玩具来补偿其他方面的欲求,比如,得不到满足的情感、内心的失落与寂寞等。由于这种对玩具的贪恋不过是内心欲求的补偿，无论拿到多少玩具，他的内心需求都不会得到真正的满足。

三、家长过于宠爱，让孩子获得了"有求必得"的意识

孩子无节制地索要新玩具的习惯也可能是家长惯出来的，因为家长不舍得拒绝孩子，平时喜欢无条件地满足孩子的要求，致使孩子慢慢获得一种意识：只要提出要求，就可以得到满足。这样，一方面，孩子对于轻易得到的玩具，就不会太珍惜，不想玩了就想换新的；另一方面，孩子的行为，总是被其后果所强化，一旦孩子发现提出要求就能得到想要的玩具，自然不会自动放弃提要求的机会了。

由此可见，孩子不断地索要新玩具，未必是因为有了这些玩具就快乐，而是他的内心有着这样那样未曾满足的欲求，或者只是不知珍惜地随意索要，并非离了这些玩具不可，所以，随意地满足他的要求并不一定能给孩子带来心理的满足和快乐，相反，只会让孩子养成随意索要玩具的习惯，看起来贪得无厌。那么，如何改变孩子的这种贪心行为呢？可以尝试如下几种办法：

一、提供更丰富的亲子活动，给孩子更多的陪伴与爱

任何玩具也无法媲美爸爸妈妈用心的陪伴，丰富的亲子活动不仅可以转移孩子对玩具的依赖，还可以让孩子得到情感的满足，不会因为内心落寞而在玩具中寻求安慰。

二、满足需求有原则，并设置一定的条件

事先跟孩子商议个君子协定，明确购买玩具的条件，比如，每个月不能

超过几个、不能超过家庭预算、要能说出需要的正当理由,等等。

如果孩子不喜欢这种事先的约定,则进行事后的约定,比如,买玩具可以,但买的每一个玩具,都要玩 10 天以上,如果玩不满 10 天,下次的购买要求就要被拒绝等。

三、利用故事或绘本引导,让孩子明白贪心的后果

如果孩子喜欢听故事或者看书,还可以结合孩子的这一喜好,把对贪心的教育融入故事或主题绘本阅读中,以孩子能够接受的形式具体呈现贪心的后果,让孩子明白知足的必要性。

孩子说谎那些事儿

说谎是孩子常见的"问题"行为之一,出于对这个现象的关注,我已经在博客中多次谈到这个问题,在已经出版的两本著作中也各有涉及,但因为散见在不同的文章中,大家看起来可能不方便,我就索性把这个问题系统梳理一下,希望能给大家更完整、全面的参考。

儿童说谎的原因至少有 10 种,主要包括分不清想象与现实、记忆不够精确、担心某种结果、自尊心使然、逃避某种责任、害怕受到处罚、希望引起注意、好奇心驱动、模仿、受到不当强化、父母明知故问提供机会、恶意报复等。所以,矫正说谎行为对症下药很重要。如果不分青红皂白地责骂孩子,效果可能并不理想:

有时候说谎并不是孩子要有意犯错,而是他们的心理发展水平使然。比如,孩子还小的时候,很可能因为分不清想象与现实而说谎,或者因为记忆还不够精确而说谎,其背后是孩子的心理发育尚未完善的原因,需要父母理解并宽容,但也可以在不伤害孩子自尊的前提下,帮孩子澄清事实。

强烈的自尊也会让孩子说谎。记得我读小学一年级的时候,因为家里条件不好经常买不起文具,有一次看到同桌有一个很可爱的卷笔刀,就对人家说:"我爸说了,过几天也会给我买一个。"其实爸爸根本没说过,但我不堪忍受那种总是比别人匮乏的尴尬,就鬼使神差说了那样的谎话。遇到这种说谎情况,父母可以在给孩子力所能及的满足的同时,帮孩子树立正确的价值观,比如,更可贵的比较是比经由自己努力获得的东西,比谁的心灵美、谁的学习好,而不是这些外在的东西。

有时候孩子说谎,是因为担心某种结果,比如,外甥女瑶瑶很小的时候,喜欢吃酸奶,给她买了酸奶放进冰箱之后,她经常告诉我姨夫偷吃她的酸奶,可是盘查下来姨夫并没有偷吃过,原来是小家伙担心别人偷吃她的酸奶,就用说谎的形式表达了出来。我们连忙安慰他姨夫不喜欢吃酸奶,她才不那样说了。

如果孩子因为想逃避某件事而说谎,家长不妨先看一下孩子想要逃避的事情是不是原则性的,如果不是原则性的,就尊重孩子的意见,但如果是原则性的,就不能妥协。比如,孩子想在家里玩,不想跟父母去公园,就说自己肚子疼,这个时候尊重一下孩子的愿望无妨,但可以使用一下"小伎俩",比如,故意当着他的面吃冰淇淋,等孩子要吃的时候,拒绝他的要求,反问他:"你不是肚子疼吗?肚子疼的时候是不能吃冰淇淋的。"让孩子意识到说谎这种表达愿望的方式很容易给自己带来麻烦。如果孩子试图用说谎逃避该做的事情,比如,为了避免去幼儿园而装肚子疼,父母就不能让步了,要支持孩子面对应该做的事情。

如果孩子因为害怕处罚而说谎,那么家长就要适时反思一下教养方式,比如,是否对孩子太严格了?是否惩罚太厉害了?等等。如果是教养方式给了孩子太多的精神压力,那么,父母就要适时调整一下自己的期望值或者管教方法。如果家教原本民主宽松,孩子还说谎,那就要好好跟孩子谈谈这个问题了。

有时候孩子说谎,是为了引起别人的关注,比如,为了吸引老师关注,告诉老师自己的妈妈是多大的官,以便把老师的注意吸引到自己这里来。遇到这种说谎的情况,家长和老师就要注意平时给孩子应得的关爱,帮孩子增强内在的力量,一个内心强大的孩子,不会总想着从别人那里讨关注、讨肯定。

有时候孩子说谎,纯粹是出于好奇,比如看了《狼来了》的故事后,对撒谎的力量很好奇,就尝试着骗妈妈试试。遇到这种情况,家长最好不要反应过激,否则很容易让孩子体验到说谎的力量;另一方面,要心平气和地跟孩子讲道理,重点放在说谎容易失去别人信任上。

有时候孩子说谎是跟父母或周围人学的,当他们耳闻目睹父母也会说说谎且可以从中得到好处时,就会产生模仿的欲望。比如,父母懒得去上班,就跟领导请假说自己病了,结果领导就很爽快地让他们多休息几天。这样的事情,就很容易让孩子经由"观察学习"体会到说谎的好处,模仿也就在所难免了,孩子是偷学大师,我们的一言一行都在他们的监控之下。

父母的不当强化也可以让孩子养成说谎习惯。比如,父母上班前告诉孩子在家里看多少书,结果孩子没看,父母下班后孩子怕挨训就告诉父母看了几本,父母懒得检查就把孩子夸奖了一顿,孩子轻易就可以体验到说谎的好处,就可能频频采取这种行为。

孩子做错事后，父母如明知故问则很容易给孩子提供说谎机会。比如，孩子拿碗当玩具，不小心掉在地上摔碎了，父母明知道是孩子打碎的，还装不知道去问孩子谁打碎的，这就很容易给孩子说出"小猫打碎的"、"不知道"之类的谎言。所以，确信是孩子做了什么事情后，要直接处理问题，切忌明知故问。

有时候孩子说谎是蓄意报复，比如，孩子为了让老师批评某个不喜欢的小朋友，就在做了错事之后，告诉老师是那个小朋友做的，让那个小朋友挨批。考虑到这种情况很容易发展成品行问题，故一定要严肃对待，可从道德角度进行评价，甚至适当惩罚，通过教育让孩子认识到这种方式的"恶劣性"。

值得注意的是孩子说谎有时候并不是上述单一原因的结果，而是多种因素协同作用所致。比如，孩子谎称自己有个漂亮卷笔刀，可能是为了吸引注意，也可能有挽回自尊的因素；再比如孩子朝父母说谎，可能是为了避免惩罚，也可能是因为知道父母容易轻信……这都需要家长仔细排查，逐个消灭诱发因素。

莫把"审美"当"臭美"

敏敏快4岁了，最近出现了一个让妈妈发愁的行为，那就是对自己穿的衣服特别在意，颜色啦、款式啦，都要自己挑才行，不满意的就不穿；挑挑衣服也就罢了，更让妈妈担心的是，小家伙还动不动就跟妈妈要口红之类的化妆品，妈妈不给她买，小家伙有一次竟然把妈妈的化妆品涂了一脸，还用水彩笔给自己涂了指甲。妈妈的高跟鞋,她也动不动要穿……这些变化,让妈妈感觉特别担心:这么小就臭美,长大了也只顾打扮不爱学习怎么办呢?

在我经手的咨询案例中,类似敏敏妈这样的担心还真不少,这样的担心是可以理解的——谁不希望自己的孩子把更多的心思放在更有意义的发展方面呢。然而,如果家长了解到孩子"臭美"背后的心理发展特点,就会发现敏敏妈们的担心并不是那么必要。为什么这么说呢?

心理学研究认为,孩子从三岁左右开始,就产生了对美好事物的欣赏心理,会初步识别优美的物体,如漂亮的衣服、可爱的形状、光滑的质地等,并且有了较强的美感体验,表现出对特定美好事物的偏爱,如红色的鞋子、带有爱心图案的装饰品、漂亮的高跟鞋等,一旦能拥有这些事物,还会获得良好的情绪体验。孩子挑选衣服、想办法打扮自己的行为,就是在这种审美心理的基础上产生的,而非孩子有意把心思花在如何打扮自己上——孩子只是在自然地表达对特定颜色、造型或装饰的偏爱,这种对美好事物的执着也是他们愉悦体验的一部分。如果这种审美活动得到细心的呵护,则孩子的审美心理就能顺利地向前发展,渐渐发展出独立、稳定的审美标准,反之,孩子的审美心理发展就可能受阻。

所以,进入三岁之后的孩子,突然变得"臭美"了,从心理发展角度来说并不是多么可怕的征兆,而是孩子的审美心理发展到一定阶段很容易伴生的行为现象,是孩子在以正常的节奏成长的标志,无须惊慌,更不能基于过分的担忧,对孩子的行为做出不当的干涉,否则,轻则引起亲子之间的不快,重则阻碍孩子的审美心理发展。

那么,面对孩子的"臭美"行为,家长如何反应,才能因势利导,促进孩子的审美心理发展呢？

首先，尊重孩子"臭美"的心理需求，提供必要的条件

既然孩子的"臭美"是这个年龄段再正常不过的行为，家长就要给孩子"臭美"的权利，允许他们"臭美"，并给他们提供必要的"臭美"条件，比如，买衣服和穿衣服的时候，允许孩子自己选择衣服的款式和颜色；适当给孩子买他喜欢的饰品；孩子渴望尝试化妆品的时候，就选购儿童适用的化妆品，并示范正确的使用方法。我的女儿桐桐也很喜欢"臭美"，为了满足她希望使用化妆品的愿望，我还曾经陪她看过一个示范化妆的视频，甚至在社区学校报了化妆班，打算学习的时候带她一起去观摩。

当然，如果孩子的"臭美"行为干扰到日常生活和学习活动，家长也不妨适当进行引导。比如，如果孩子挑衣服挑得厉害，可以少放一些衣服在孩子目力所及的地方，或者在头天晚上让孩子把次日要穿的衣服挑好，也可以在给定的几件衣服里让他挑选，或者限制挑衣服的次数，但不要禁止孩子挑选，因为孩子早期的"爱美"行为对他今后的审美能力影响巨大。如果孩子在喜欢打扮的时候被限制了机会，则长大后也很难恰当地装扮自己。

其次，因势利导，助孩子养成健康的审美趣味

在孩子的"臭美"过程中，由于对"美"与"不美"的判断还不是很成熟，很容易出现一些不那么有品位的行为，比如，把自认为好看的东西都穿戴在身上，却忽视了彼此的协调；穿衣服时喜新厌旧；过分注重外表的打扮而忽视文明礼仪的学习，等等。遇到这种情况，家长一定要理解孩子在尝试"变美"时出现的偏颇，给孩子自我探索的时间，避免嘲笑或批评孩子的不当行为，以免挫伤孩子追求美的积极性，适当的时候，也可以进行随机的引导，把孩子的审美标准引向更健康的方向。比如，当孩子因为某件很干净的衣服很旧而拒绝穿它时,家长就可以夸这件衣服干净,或者平时夸孩子的着装时就有意引导孩子明白干净也是一种美。再比如,孩子把好看的东西胡乱堆积在一起时,家长不妨把孩子拉到镜子跟前,先让孩子评价自己的穿戴是否漂亮,然后,家长再适当给孩子改变一下搭配,让孩子自己对比哪种搭配更漂亮,让他们在对比的过程中逐步意识到搭配的重要性。再比如,当孩子把太多的精力用于装扮自己的外表却忽视了行为习惯的养成时,家长也要通过相应的主题故事或其他方式,让孩子明白外表美重要而心灵美更重要的道理。

值得一提的是,培养孩子健康的审美趣味,父母本身的示范非常重要,孩子都是"偷学大师",一个着装得体、行为优雅的父母,本身就是审美趣味养成的"活教材"。

最后,给孩子立体的审美体验,推动孩子的审美意识向更高阶段发展

"蒙台梭利"教育专家孙瑞雪老师把孩子执着追求美感的行为谓之"审美敏感期",并认为这一敏感期是螺旋式向前发展的,最初他们主要是对吃的和用的东西要求完美、完整,这一段时期过后,孩子就会对自身的美有强烈的感觉,表现出案例中所述的"臭美"行为,对"臭美"执着一段时间后,又会上升到对环境、内在气质、艺术品质等的完美追求。了解孩子审美行为发展的这一轨迹,家长就不妨有意识地给孩子提供更广阔更丰富的审美体验机会。比如,让孩子在"读万卷书"的过程中欣赏名画和绘本插图的不同画风和色彩搭配;在带孩子"行万里路"的过程中领略悠远的历史遗存和秀美山河的奇妙魅力;在一起美化周围环境的过程中体验劳动是如何创造了美,如此等等。这样,孩子的审美意识才可以突破"小我"的局限,拓展到更广阔的生活中,而这种审美体验的滋养,又可以通过丰富他们的内蕴从而提升他们的个人气质,使其"臭美"行为更添神韵。

孩子传达烦恼的N种方式

就像成人都有七情六欲一样,孩子也会有他的烦恼,从小宝宝的烦躁无聊到大宝宝的挫折体验,具体的烦恼内容不一而足,表达方式也形态各异,需要家长认真观察,及时化解,如此,则孩子的负性情绪才能得到健康的宣泄,让心理障碍的导火索无处藏机。

那么,孩子的烦恼都有哪些表达方式呢?下面尝试作一些分析。

一、不明原因的哭闹

哭闹大概是孩子表达烦恼的最直接最常用的方式了,特别是对那些语言尚未发展的宝宝而言。如果孩子突然哭闹了,而且哭声比较单调,哼哼唧唧,又难以排查到具体的原因,比如饿了、困了、冷了、热了、大小便在身上了、蚊叮虫咬了等等,这种情况,就可能是孩子感觉烦躁了。这种无聊感,往往来源于孩子渴望关注的需要,需要家长借机反思一下是否忽略了身边的孩子,最简单也最有效的解决办法或许是给孩子一个大大的拥抱,然后陪他一起做做游戏。

二、不爱吃饭

和成人一样,孩子烦闷的时候,也会"茶饭不思",所以,如果孩子突然厌食了,经检查没有生理方面的毛病,甚至都没有消化不良的迹象(手心发热、舌苔黄厚等),那么,这种厌食就可能是情绪性的,这在那些成人特别关注孩子进食行为的家庭里更加明显。比如，一个经常被喂食、填鸭式塞食的孩子，本身就容易用厌食来表达对失去进食自主权的苦闷，遇到什么不开心的事情，就更容易用拒食这种行为引起成人注意，因为他知道，自己的吃饭事宜是大人最关心的。所以，遇到孩子突然不愿意吃饭的情况，家长不要一味想着怎么把饭喂进去，自己观察背后的原因，或许，孩子正用这种方式表达烦恼情绪，解决了情绪问题，吃饭问题可能就自然解决了。

三、攻击行为

有的孩子内心有了苦恼之后，很容易通过暴力的方式把这种压力传递出去，出现打人、咬人、掐人等典型的攻击行为。所以，遇到孩子有攻击倾向的时候，父母可以观察一下孩子的攻击是属于工具性的还是敌意性的。所谓工具性的，就是说攻击是有目的的，比如为了讨回自己的玩具、为了争夺自己喜欢的东西等，通常都有外在因素导引。敌意性攻击则不同，它是孩子故意去攻击他人的行为，比如，故意去打一个女孩子，惹她哭。如果孩子表现出敌意性攻击的行为，家长就可以考虑是否孩子有了苦闷情绪。另外，为了减少孩子的敌意攻击这种表达方式，家长也要注意自己的教养方式。不要动辄冷漠拒斥孩子，或者不经意给孩子示范攻击行为。

四、懒言少语或说狠话

语言也是孩子表达烦恼的手段之一，只是对于不同性情、心理发展阶段和教养方式的孩子而言，具体的表达方式有所不同，那些性格内向或者经常不被父母理解的孩子，就容易用沉默寡言来表达烦恼情绪，如果孩子原本行为很正常、情绪平和，突然变得沉默、不爱说话、愁眉苦脸了，就可以考虑是否他们遇到了什么烦恼。相反,那些性格外向、急躁,特别是正处于诅咒敏感期的孩子,则容易用"我要妈妈跑!"、"打死你!"、"不要爸爸!"、"我要把他踢到楼下去"之类的话来发泄内心的烦躁。

无论是哪一种情况,父母都应该尊重孩子的表达方式,特别是后一种情况而言,父母千万不要从字面上去理解孩子的意思,认为孩子大逆不道或太残忍而惩罚孩子,以免加剧孩子内心的苦闷;孩子那样激烈的言辞,只是在表达内心的情绪,并非真有所指,可以借机问问孩子是否有什么烦心的事情,引导孩子说出语言背后的苦恼,对于孩子具体的狠话,则进行冷处理,让他们无从体验到这些语言的力量,以后就不会轻易使用了。对于前一种情况,有时候孩子沉默也可能是因为觉得说了父母也不会了解自己,父母要学会用心感化孩子,比如,给孩子一个大大的拥抱,告诉孩子无论他感觉多糟糕,父母都会做他的支撑,愿意倾听他的倾诉,等等,当然,如果孩子不愿意敞开自己的心扉,家长也不必勉为其难,也许孩子更习惯默默地消除心灵的小恙,只要能确认父母的爱,就够了。

五、恋物

有的孩子,内心有了什么苦闷之后,会喜欢上玩弄比较某个物品,比如布娃娃、玩具小汽车之类的,借以寻求内心的安慰。所以,如果原本不是很喜欢玩弄小东西的孩子突然特别迷恋某件小东西,甚至睡觉都要抱着,去幼儿园都要拿着,那很有可能孩子的内心正在经受某种煎熬。比如,恐惧自己的小房间,却知道给爸爸妈妈说了也没用;不喜欢上幼儿园,却不得不去,等等。应该说这是一种比较积极的苦恼解决方式,也是孩子成长中常见的寻求情感支撑的行为,成人应给予足够的理解与支持,不要因为怕孩子形成恋物癖而强行把物品从孩子那里剥离开,解决孩子背后的苦恼比拿走物品更重要。

六、虐待玩具或小动物

这也可以说是攻击行为的另一种表现形式,只是攻击的对象指向了没有生命的玩具或更加弱小的动物,起因也是孩子要传递烦恼带给他的心理压力。如果原本喜欢某个小物品或者小动物的孩子突然开始虐待它们,就可以考虑这个可能,并从准备疏导孩子的情绪开始,积极地介入。

七、不合群

交往是需要良好情绪状态支持的,对于那些烦恼中的孩子而言,消极的情绪很容易把他们的心思集中在内部的体验上,对于呼朋引伴的同伴交往自然没有了兴趣。这种情况,更可能出现在原本喜欢群体游戏的孩子身上。如果家长突然发现原本活泼开朗、容易与小朋友打成一片的孩子变得不合群了,就应该考虑到行为背后的情绪问题,伺机问问孩子什么事情让他没有了跟小朋友一起玩闹的心思,也许在大人细腻的关切里,孩子的苦恼就和盘托出了。

第四章　爱子有方，学无止境

爱是一门艺术，需要持续不断的学习和实践过程，向书本学习、向他人学习，甚至向孩子学习如何更好地爱，是家长一辈子的功课。

让宝贝快乐成长的"秘密"

"今天,你过得快乐吗?"这是我下班见到女儿桐桐时经常问的一句话。相信每个当了妈妈的人,都会和我一样,希望自己的宝宝每天都过得快快乐乐。快乐的情绪不仅让宝宝更容易专注于心智的发展,更乐于探索外部的世界,还会有更好的免疫力和更好的身体状态,可以说是孩子身心健康发展的良好基础,不是可有可无,而是非常重要的成长动力,值得我们用心去滋养。

那么,宝宝的快乐通常从何而来呢?家长如果能够了解孩子快乐的如下秘密,让宝宝快乐成长将不再困难。

一、爸爸妈妈的用心陪伴和拥抱

与爸爸妈妈的情感联结和对家庭的归属感是宝宝最基本的需求,如果这个需求得不到满足,宝宝就很难建立对这个世界的安全感,而一个内心没有安全感的孩子,是难以快乐成长的。所以,爸爸妈妈的用心陪伴是宝宝最重要的一个快乐源,再多的玩具也难以替代。曾经有一个母亲,为了赚更多的钱,经常在打理完一天的生意后买玩具回家补偿孩子,可是孩子往往会难过地说:我不要玩具,我要妈妈!

如果没时间经常陪伴孩子,在一起时最好多给孩子拥抱,拥抱能让孩子减轻压力,抚平他们可能存在的不安情绪。

二、健康的身体、充分的睡眠和运动

快乐成长是需要一定的生理基础支撑的:首先,健康的身体是一个很

重要的条件,很难想象一个动不动就生病的孩子会有多开心的情绪体验。其次,充分的睡眠必不可少,根据常识我们就可以发现,宝宝犯困的时候,是很容易闹情绪的,相反,睡足了,精神也就来了,产生积极情绪体验的概率就大了。最后,运动可以让宝宝疏解负性情绪,并增进快乐的情绪体验。这是有科学依据的,2007年耶鲁大学的研究人员发现大脑中有种名叫VGF的基因,会在运动后变得活跃,进而产生强劲的抗抑郁反应。正所谓"乐从动中来",这就是运动让宝宝快乐的生理基础。

三、被理解和尊重的情感体验

月龄差不多的孩子,总会在特定的年龄段出现比较一致的心理和行为特征,比如,吃手、喜欢玩水玩沙、护东西、爱钻到狭小的空间里去玩等。这些同龄小朋友常见的行为和心理特征,一般就是孩子身心发展需求的自然展开,需要成人理解或尊重,如果成人出于教养的方便予以限制,则孩子的身心发展规律就不能正常展开,被压制的需求就会阻碍快乐情绪的产生。

除了对宝宝身心发展规律的尊重外,在日常教养过程中,宝宝有了什么需求,爸爸妈妈或其他教养人如果能及时、正确地解读并予以合理的满足,则宝宝也会因为需求得到满足而变得愉悦。

四、学习、好奇心与探索欲的满足

一个成人难以置信但对于孩子来说却十分真实的快乐源之一是"学习",但这里讲的学习不是让孩子规规矩矩地坐在小桌子前背书写字,而是一个在好奇心和独立性的驱动下主动获取知识技能的过程。比如,出于对自然现象的好奇,在妈妈的引导下,认识到把窗帘吹得鼓起来的东西叫

"风";在独立性的驱动下,学会了自己穿裤子,等等。这些新知识新技能的获得,都将带给孩子好奇心的满足和技能长进的快乐。

除了随时满足孩子的好奇心,给他们动手做事的机会外,如果家长再能创造条件让孩子在安全的空间里自由探索,则他们的快乐又更添了几分。

五、自主发展的机会

给孩子自主发展的机会,不让自己"好心"的安排剥夺了他选择的权利,在发展自己的哪些特长、以什么形式发展方面,尽量尊重他的意见,不因为孩子在某个方面落后于别人而给他施加压力。"寸有所长,尺有所短",每个孩子的发育节奏不一样,如果事事让孩子向最好的标杆看齐,那么,孩子不仅会过得很累,还容易获得这样的意识:只有我一直比别人做得好,爸爸妈妈才会爱我。脑子里总是绷着要强之弦的人,怎么会体验到平和的快乐?一句话,让孩子成为他自己,比想方设法帮孩子成功,更能带给孩子长远的快乐。

当然,上面提到的几点,只是快乐成长的最基础要求,除了这些基本要求之外,在日常教养过程中的一些具体刺激也可以让宝宝获得快乐的情绪体验,比如,给孩子讲笑话、带孩子做好玩的事情等等,家长经常陪孩子做这类事情,也会让孩子形成快乐的情绪惯性。

敏感期如何把握自由的度?

随着敏感期概念的日益风行,越来越多的家长意识到尊重孩子敏感期的重要性,并努力确保孩子特定敏感期的充分展开和顺利发展,但面对孩子在特定敏感期"为所欲为"的情形,比如,无所顾忌地玩水、不分场合地说脏话、让人无奈的执拗等等,不少家长也禁不住困惑:到底该如何把握尊重的度,才能既不破坏孩子敏感期的发育,又不至于迁就出"毛病"来呢?科学回答这个问题不是一件很简单的事情,不妨从两个维度加以讨论:

一个维度是家长干预的动机。一般来说,在家长干预孩子的敏感期行为时,一般出于三种动机:

一种动机是家长自己教养的方便。比如,处于沙水敏感期的孩子玩水玩沙时,很容易会把衣服弄湿,或者把沙子撒得满地都是,这种情况下,有的家长就可能受不了,理由是还要帮孩子换洗衣服,或者清扫工作太麻烦,于是禁不住去限制孩子的活动范围,甚至制止孩子的玩水玩沙游戏,这样的干预,就可能妨碍孩子充分体验玩水玩沙的乐趣。这类限制敏感期行为的动机和举动是不公平的,因为孩子的敏感期没有得到充分的尊重。

一种动机是家长为了维护自己的面子。比如,处于物权敏感期的孩子,很容易出现护东西的行为,即使家里来了客人小朋友,自己的玩具也不允许对方动,这个时候,有的家长就可能感觉面子上受不了,进而出现强迫分享的行为。殊不知,这种强制性的分享是对孩子物权意识的伤害,如果经常这样被剥夺主张所有权的机会,孩子很容易获得这样一种意识:即使是自己的东西,也是无权支配的。这种教养方式下的孩子,长大后就可能变得不敢维护自己的正当权益。基本上,这类对孩子敏感期行为的干预动机,也是不提倡的。

三是为了维护孩子的身心健康。比如,处于口手敏感期的孩子,往往动辄喜欢吃手、把拿到手的东西往嘴巴里送,一般来说,尊重孩子心理发展规律的家长不会去限制孩子的这些行为,但一旦尚无危险判断力的孩子把有安全隐患的东西送到嘴巴里了，家长就会第一时间去制止，以免孩子遭遇什么风险。这样的干预行为，就是值得提倡的，因为干预的动机，纯粹是从有助于孩子更好成长的角度出发的。

另一个值得考虑的维度是孩子行为本身的界限。一般来说，处于特定敏感期的孩子，特定行为很容易出现挑战成人极限的情形，比如，执拗敏感期的孩子可能特别执拗，想要什么东西，想要做什么事情，一定要达到目的才罢休，为此不惜大哭大闹甚至撒泼打滚。再比如，诅咒敏感期的孩子可能会不分场合地说狠话，乐此不疲。如此等等，非常挑战家长的耐心或者令家长忍不住用道德的眼光审视孩子的行为，有时候这些现象会让家长心里很没底，不知道干预的界限在哪里。其实，凡是牵涉某个敏感期的行为，都是需要家长放宽原则的，特定的行为，只要没有触犯如下界限，都是可以顺其自然的：

1. 当孩子特定敏感期的行为存在安全隐患时。比如上文提到的，口手敏感期的孩子想吃不该吃的东西，家长就可以干预。

2. 当孩子的非原则性要求忽视了他人的感受时。比如，当妈妈累得气喘吁吁时，小家伙却坚持要求妈妈陪他去买冰淇淋，或者大半夜里，让妈妈去已经关门的超市去买牛奶。

3. 当孩子的行为影响了别人的生活便利时。比如，孩子玩水是件好事，但如果孩子把水放得满屋子都是，已经达到了可能给楼下的邻居造成楼板渗水的程度。

4. 当孩子的行为伤害了别人的感情时。比如诅咒敏感期的孩子在体验语言的力量时，冲着别人说很难听的话。

但只要没有违反上述几个原则，孩子的敏感期行为就应该得到理解和尊重，实在不能满足的要求，则要做好共情、解释、慰抚和倾听工作，但不要期待自己能摆平一切，有时候，无论家长怎么想办法，动用什么教育艺术，被干预的孩子还是大哭大闹，特别是对执拗敏感期的孩子而言。这个时候，家长一方面不要过于紧张，这种情况下的哭闹，其实是一种健康的痛苦，一种康复情绪的机制，反复哭闹、抗争几次后，孩子就会明白行为的界限。另一方面，家长也要接受自己的无力感，意识到有时候孩子哭闹不是自己的失败，而是即使是育儿专家也可能遇到的正常现象，这是孩子成长的必然代价，不是以家长的意志为转移的。

赞美的误区及应该秉持的原则

"数子十过，不如奖子一长"，就对成长的助力而言，柔和的赞美往往比严苛的责备来得更有力量。然而，并不是所有的赞美都能取得预期的结果，恰当的赞美可以帮孩子成为更好的自己，不当的赞美则可能让孩子盲目自大、经不起批评或者失去自信。那么，育儿过程中，如何才能使用赞美这一工具更好地发挥其长、避免其短呢？把握赞美的原则非常重要。下面就结合家长常见的误区谈谈赞美孩子的原则。

一、赞美的出发点应该是滋养孩子的内心力量

"考得这么好啊，妈妈好爱你！""小手洗得这么干净啊，难怪老师这么喜欢你！"……许多家长在赞美孩子的时候，往往会把"重要他人"的认可抬出

来激励孩子。其实这样的赞美很容易让孩子感到不安：原来"重要他人"的爱，都是有条件的，都是以他能够做好为前提的。"一旦我做得不够好，他们还会爱我吗？"长期处在这样的顾虑之下，孩子过分争强好胜、害怕失败、受不得批评也就在所难免了。

另外，这类赞美，其实也是在将孩子成长的能量引向如何取悦他人，进而让孩子把自我价值感建构在如何迎合他人的标准和需求上面，从而忽视了自身内在的需求，这对他们发展强大的自我、成为真正的自己是有弊无利的。

那么，如何表扬才会有助孩子与成长需求建立联结呢？仍以上述考得好和洗手很干净为例，家长不妨换种方式，从孩子成长的需求出发去表扬孩子："你把自己的学习打理得这么好，妈妈真为你骄傲！""小手洗得这么干净啊，这样就不会把细菌吃到嘴巴里了！"这样才容易让孩子获得一种意识，自己之所以受到肯定，是因为这有助于他自己成长的进步，而非迎合了他人的期待。

二、赞美的关键不是给孩子良好的评价，而是让孩子明白自己何以值得

有的家长，为了增强赞美的力量，往往习惯性地给孩子戴顶高帽子，比如"儿子你画得太棒了，比梵高画得还好。""你的棋真是下得打遍天下无敌手哦！"等。然而，这样带有评价色彩的赞美，其负面效果也是显而易见的。首先，孩子如果经常被妈妈这样戴高帽子，实际上却不是这么棒，就很容易对自己的真实状态产生混乱的认知，不利于他建立清晰的自我评价；另外，滥用这样的评价性赞美还很容易让孩子意识到周围的人在如何看待他，进而让孩子习惯于追求外部的认可,长此以往,他们对自身能力和自我价值的感知,就不再是一种自我感知,而是以周围成人的评判为转移的,这也是许多孩子"表扬成瘾""贬低别人,抬高自己"的原因。

反过来,如果家长在赞美孩子的时候,尽量少去作定性的评价,而是让自己的语言像一面镜子一样显示孩子良好行为的细节,则孩子不仅更容易从中明白下一步努力的方向,还会从妈妈用心挖掘的细节中看到自己行为的闪光点。比如,"这张画上的草地颜色涂得真均匀,小兔子表情真丰富,太可爱了!""呀,谁把小书桌理得这么干净啊?沙发上的衣服也收起来了?让人一看就感觉好舒服!"等,这样的评价就是描述性的、具体的,而且,越具体越有力量。

三、赞美的着眼点应该是孩子的能力而非天赋

"这孩子真聪明!""我们家宝贝很有音乐天赋的!"……诸如此类的赞美很多家长都容易信手拈来。殊不知,这类把赞美指向孩子先天获得的方面是存在很大风险的,英国著名心理学家理查德·怀斯曼曾经在其畅销著作《59秒心理学》中指出:"表扬孩子聪明有天赋可能会让他们感觉良好,但也让他们害怕失败避免挑战,他们担心自己万一没成功会难堪。此外,告诉孩子他们很聪明无异于暗示他们无须努力就可以表现很好。孩子就会缺少动力来努力付出,更可能失败。一旦失败,他们的动力甚至可能被完全摧毁,从而产生一种无助的感觉。"

反过来,如果家长在表扬孩子的时候,把着眼点放在孩子付出的努力或良好的态度上,则孩子就更容易从表扬中获得能量。当他们看到努力的力量后,就更容易去挑战、去尝试,而不会太在意尝试和挑战的结果。因为成

功只是足够努力和坚持的结果，失败了，需要调整的也只是心态和努力的程度，跟自己这个人是否聪明、是否优秀、是否有天赋无关。这样的认知，更容易助孩子获得成功，即使失败了，也不会让他们丧失自信。

惩罚可以有，方法很重要

随着"赏识教育"和"亲密育儿"理念日渐成为主流，"惩罚"作为一种相对暴力的教育方式，似乎正在成为让人敏感的话题，动辄引起争议一片，那么，到底该如何看待家庭教育中的"惩罚"呢？

首先可以确信的是，在教养孩子的过程中，惩罚和表扬奖励、榜样示范、说服教育等方法一样，其本身是无所谓"善恶"的，只要运用得当，都可以达到长善救失的教育目的，运用不当，其教育效果和初衷都可能背道而驰，所以，抽象地讨论惩罚是否应该存在是没多大意义的，关键还是在什么条件之下运用了这种教育方式，其效果如何。记得我个人小时候，因为做了一件至今提起来都有点汗颜的错事，一向温和的母亲不由分说地拿起扫把打了我几下，当时打得我很懊恼，但这一打，却让我深刻地记住了自己当时的错误，从此再也没有犯过第二次，即使是现在，想起母亲那几扫把的惩罚，都是心存感激的。所以，因为其所特有的暴力色彩就把惩罚这种教育方式一棍子打死并不是可取的态度，最重要的还是正视它的运用条件。

当然，由于惩罚的实施过程往往会伴随痛苦的心理体验，运用不当很容易损害孩子的身心健康，故使用起来一定要慎之又慎。最好在表扬鼓励、说服教育、榜样示范、环境熏陶等其他相对温和的教育方法都难以产生效果的情况下再运用它。而且,运用时最好以良好的亲子关系作为基础,因为在亲子关系不够巩固的情况下运用惩罚,亲子关系很容易受到损伤,孩子也更容易产生心理伤痕,教育效果也不会好到哪里去,这对于孩子的"可持续教育"是非常不利的,孩子更愿意服从的,往往是关系亲密的人,一旦关系被惩罚搞坏了,以后教育起来将会更加困难。

在具体运用惩罚的过程中,还应该注意以下几点。

一、警告在先

一定要事先知会孩子,如果做了什么事,就要实施什么样的惩罚,这样才有利于让孩子明白行为的界限,甚至达到"不惩而治"的目的。否则,孩子在没有思想准备的情况下,突如其来的剧烈惩罚很容易让他们急于保护自己不受伤害而失去思考的能力,不利于他们反思自己所犯的错误,即使过错行为一时被恐吓住,也往往是治标不治本。

二、非有意的错误不能惩罚

至少在如下三种情况下,对孩子实施惩罚是不公平的:

1. 孩子的错误是"发展性"的问题,即,由于心理发展水平使然,孩子犯了不以其意志为转移的错误,比如,孩子由于分不清想象和现实而说谎了,就不能算孩子的错误。

2. 孩子的错误是事实,但动机是良好的,只是行为技能发展不力引出了差错,比如,妈妈和面的时候,孩子非常想帮忙,就私自帮妈妈去舀面,结果把面撒了一地。

3. 孩子的错误是由于外在的干扰产生的。比如,孩子正在做什么事情的时候,爸爸妈妈吵架了,给孩子带来了心理的恐惧,心不在焉之下,打碎了杯子或者其他值钱的东西。

三、惩罚不等于暴力

惩罚孩子,未必非得使用暴力,包括精神和肉体上的暴力,那种以侮辱、打骂为内容的惩罚并不是值得推荐的选择,惩罚也可以有相对温和的方式,比如,取消本月的零用钱,没收喜欢的玩具等。在可以达到预定教育效果的情况下,最好优先采取相对温和的方式。

四、不要把正当的行为当作惩罚的手段

有的家长用写作业、家务劳动、吃蔬菜等作为惩罚孩子的手段,这样是非常不理性的做法,很容易让孩子对学习、劳动、素食等产生逆反,而后者是正常的学习、生活的一部分。

别用"收回爱"威慑孩子

晚饭后,彤彤刚把盛轻黏土的盒子搬出来,想玩一会儿轻黏土,妈妈却催着她去弹琴,更想做手工的彤彤不依,继续摆弄手里的轻黏土。考虑到快要考级了,妈妈非常着急,又催了两遍,彤彤还是没有停下来的意思,妈妈终于忍不住爆发了,对着彤彤大叫:"怎么有你这样的孩子?连妈妈的话都不听!再不乖,妈妈就不爱你了!"

妈妈的话让彤彤一惊,稍加犹豫之后,她不情愿地停下手中的轻黏土手工,走向钢琴,因为她不想失去妈妈的爱,这意味着她必

须做出妈妈期待的行为……

　　看着彤彤乖乖去弹琴的背影,彤彤妈非常欣慰,心想:让孩子听话有时候还是挺容易的,只要稍稍用"收回爱"的方式威胁一下,效果就立竿见影!

案例中彤彤妈"收回爱"的教育方式,可以说非常广泛地存在许多家庭中,很多家长喜欢这样的做法,因为它简便易行,不需粗暴地动手强迫孩子激化矛盾,也不需苦口婆心地讲道理,就很容易让孩子乖乖就范,可谓十分"安全"的教育之道。

　　然而,这种教育方式,真的十分安全吗?表面上看,孩子的身体不会因为一句话受伤,情绪反应可能也不大剧烈,但孩子的内心感觉到底如何呢?您知道这样的教育方式对孩子意味着什么吗?如果我们有机会听到孩子内心的真实想法,就会发现,他们的感觉与我们想象的大不一样,当父母这样简单地用"收回爱"的方式培养听话的孩子时,其实对于孩子来说,他们得到的信息,绝不等同于听过了一句话那么简单。因为,妈妈的这类话对于孩子来说,传达的是一种有条件的爱:妈妈的爱是有前提的,那就是我的言行必须合乎她的心意,如果我做的和她想的不一样,妈妈就不会爱我了。长此以往,其实对孩子的身心发展有很大的负性影响。

一、有条件的爱,是对孩子成长的约束,使孩子不敢做真实的自己,进而失去发展的自由

　　因为,用爱制约孩子行为的父母,给予孩子爱的前提,往往是孩子能听自己的话,按照自己的意愿行事,否则他就有理由收回自己的爱,而孩子是本能渴望父母之爱的，失去父母的爱是非常可怕的事情，于是，为了得到父母的有条件的爱，他们不得不压抑自己的真实意愿，去做父母希望他们做的事情，久而久之，他们就可能在"爱"的召唤下习惯了这种没有自我主张的生活，并渐渐成为父母生命的"复印件"，无法活出真实的自我。

其实每个孩子都是一个独立的个体，虽然他的生命源于父母，但从呱呱坠地那一刻起，他就开启了自己的人生之旅，不再从属于父母，也不再从属于任何人，从这个意义上说，如何让孩子成为更好的自己，而不是成为父母规划、设计出来的"教育产品"，应该成为家庭教育的要义之一。换言之，如何接纳孩子的"不同"，应该成为父母的必修课，就像萨提亚女士在其著作《新家庭如何塑造人》中提到的：父母应该成为孩子"不同"的发现者、探索者和侦查者，而不是评判家或塑造家。那种为了教养的方便，或者为了预先给孩子设计的发展蓝图而用"收回爱"约束孩子的家长其实是对孩子成长自由的剥夺，说得难听一点，是不把孩子当"人"看——把孩子当成了没有生命、依赖特定程序运行的机器。

二、有条件的爱，让孩子不敢接纳自己独特的一面，进而在渴望父母认同的前提下，形成较低的自尊

自尊是个体在社会化过程中所获得的有关自我价值的积极评价与体验，高自尊的孩子，具有较高的自我价值感，能够自我悦纳，富有朝气，乐于探索，以开放的心态对待外部世界，不容易被他人的评价所左右，不会强求别人和自己一样，也不怕与众不同，在需要改变的时候，不会墨守成规，在需要坚持的时候，也不会轻易放弃。相反，低自尊的孩子，因为内在的价值感比较低，难以秉持肯定的自我评价，往往希望从别人那里得到肯定，如周围的同伴、老师、父母甚至陌生人等,这样就很容易导致他努力向外界寻求认可与支持,而难以专注于自我的发展,即使能够取得成功,还是容易自寻烦恼怀疑自己的价值,一个小小的打击也会让他自我否定。

那么,如何培养一个高自尊的孩子呢?来自父母无条件的爱是个非常重要的前提。萨提亚女士认为,尊重和接受属于自己的一切是形成较高自尊的基础,但在父母"有条件的爱"限制之下的孩子,要做到这一点其实是很难的,因为他们的想法或行为一旦偏离了父母的期待,就容易由于害怕得不到父母的认同和爱而恐慌,在这样的心理负担之下,让他们接纳自己的独特性是非常难的,较高的自尊自然就没有了形成的土壤。

所以,明智的父母应该意识到,当孩子逆着自己的"意旨"去行事的时候,其实他只是在自然地展现自己独特的一面,只要没有原则性的是非对错,他的这种尝试是应该得到鼓励和尊重的,否则,动不动就用"收回爱"的方式去否定他,很容易让孩子难以看到自身言行的价值而形成较低的自尊。

三、有条件的爱,让孩子无法感觉到父母完整的接纳带来的安全感,进而阻碍孩子的智力和社会性的发展

孩子在成长过程中,来自父母无条件的接纳十分重要,这样的接纳给孩子的是一种爱的安全感,会让孩子意识到,无论他是什么样子,都是父母最爱的那个小孩。只有在确认了父母这样的爱之后,孩子才会获得平静的情绪体验,进而从爱的匮乏中解脱出来,专注地去探索外部的世界,去与他人发生交往互动,不怕失败,也不怕接触新鲜的人和事,这对于孩子的智力发展和社会性发展,都是十分有利的支撑。

一旦父母有条件地给予孩子爱,结果就大相径庭了,孩子因为无法从父母那里得到无条件的情感支持,就很容易担心做了让父母"收回爱"的事情,就很容易畏首畏尾,不敢放手去探索、去尝试,一旦做了可能违反父母期待的事情,还可能在害怕失去爱的恐惧情绪控制之下做出不符合社会期待的行为,比如撒谎、推卸责任等,这对于他们的心智和社会性发展都是十分不利的。

综上所述,"收回爱"的教育方式虽然相对容易操作,对解决孩子当下的问题也往往会有一定效果,但从长远来看,其对孩子身心健康的正常发展来说却是弊端多多的,父母只有摒弃这种"有条件的爱",接纳孩子本来的样子,给孩子无条件的支持与包容,允许孩子成为他自己,孩子才有可能进入良性的发展轨道,获得健康快乐的人生。

有时候,闭嘴才是更好的陪伴

妈妈给桐桐倒茶,用的是品茶的小杯子,桐桐很享受那种精致的感觉,小口慢品,品完一杯再跟妈妈要一杯,喝得很开心。

爸爸看见了,很是"感冒",觉得这样用小杯子喝水喝不多,开始施教:"用这种小杯子你能喝进去多少东西,像爸爸一样,放在大杯子里,咕咚咕咚一口气喝下去不好吗?!"

转而又怪妈妈给她的杯子太小,没法让孩子咕咚咕咚畅饮,用这样的杯子给孩子喝水,会影响孩子喝水的量云云。虽然事实情况是:用这样的小杯子喝水,桐桐很享受地喝了一杯又一杯,一壶茶水不久就喝完了,平时给她用大杯子盛水的时候,小家伙却通常喝几口就放在一边不喝了……

因为睡了一个晚上，记性不大好，爸爸很多教训的话记不清了，但那种喋喋不休的样子和居高临下的姿态还记忆犹新。

在我们家里，这是常态。我相信在很多家庭里，这都是常态——家长以孩子生命导师的身份自居，对孩子的任何一种不符合自身期待的行为或跟自己不一样的习惯指手画脚，不管孩子的行为是否有原则性的是非对错！

孩子画画，涂了家长不喜欢的颜色，家长就禁不住指着其他颜色教导：用这种颜色不好吗？这种颜色多漂亮啊！

孩子吃饭，吃的不如家长想象的多，家长又开始爆发：再吃点，再吃点，吃这么少怎么行呢？营养不够的！

孩子去玩沙，家长再度登场：要眯到眼睛里去的！沙里有沙虫你知道么？这么脏的东西有什么好玩的？！

带孩子买衣服，孩子挑了一款，家长不同意：哎呀，这种款式不好看，你看这个多好看啊，买这个，这个……

……

说实话，我很同情在这种家庭环境下成长的孩子，因为每天，他都要被迫面临太多的教导，好像自己动不动就会出错一样，事实情况却是，在这类无关原则是非的小事里，他只是在坦然地释放他的天性，自然地做他自己，但因为不符合成人的期待，就一天到晚被耳提面命。

这种喋喋不休的陪伴对孩子意味着什么呢？

因为他们对行为的判断力还不是很强，当自己的行为或习惯被成人按照成人的意志随意评判的时候，他得到的信息是：原来我的做法不对！我怎么老是出错？我什么都做不好！……

无论我做什么，都不需要考虑什么后果，反正爸爸妈妈总会管着我，不会让我出错的。长此以往，当孩子习惯了这种被管束的生活以后，估计也不会对自己的行为负责了，他可能会事无巨细地征求父母的意见，却没有了自己的主张。

评判与被评判就是生活的一部分，孩子对生活秩序的最初认知，也许就这样打下了烙印，长大后，他也许无法划清尊重别人与做自己的界限，频繁地去评判别人，并接受来自四面八方的评判，认为这样的自己才正常。

……

而且，每天都被迫接受这么多跟内心的想法不一样的信息，可想而知孩子需要多大的承受力！最可悲的是，这种来自"爱"的压力源让孩子无法说出口，很多时候，对父母的敬畏也让他们不敢说出口，大多数情况下，各种负性情绪体验只能积压、再积压……无怪乎，《我讨厌爸爸》《我讨厌妈妈》《妈妈错了》这样的绘本这么让孩子喜欢，即使内容无关发泄，仅仅题目有点宣泄色彩的《我的妈妈真麻烦》《我的爸爸真麻烦》之类的绘本也会让孩子共鸣！每天都要扮演那样的弱势角色，他们需要太多的宣泄！

可怜的孩子，自以为是的家长！

当我们用各种无关原则是非的"教导"给孩子制造各种负性情绪体验的时候，有没有想过：有时候，闭嘴，才是更好的陪伴。

给予的智慧

我们都会有这样的经验：太容易获得的东西，总是很难自觉地珍惜、专注地享受的。对空气、水和地球给我们的一切的污染或浪费就是个比较极端的例子,因为我们总是以为它们的存在是理所当然、取之不尽的。

同样道理,孩子对于唾手可得的东西,让他学会珍惜、专注地享用也是很难的。有的家长因为一下子遇到了中意的东西,或者觉得批量、成套购买更实惠,或者本身多金,有时候就倾向于给孩子提供太多的玩具或文具,却每每发现这些玩具或文具被扔得到处都是。想想我们小时候,能得到一个玩具都可以珍惜那么长时间,孩子的这些行为简直是不可思议的,然而,孩子这样做只是非常自然的本性而已,因为即使浪费了手里这一个,或者玩腻了当前的,还会有更多的玩具等着他玩或用,何必还劳心费神地去好好爱护、专注地玩到底呢?孩子浪费了,成人再反过来责怪孩子不懂得爱惜,对孩子其实是很不公平的。

吃东西也是一样,太多的一次性给予,不仅会让孩子感觉不到那个东西的可贵,还会让孩子感觉到压力(因为成人会习惯性地要求孩子把盘子里的东西都吃光),甚至会因此影响吃饭的乐趣。遗憾的是,我们做家长的,偏偏喜欢犯这样的错误,见到孩子喜欢吃什么东西,恨不得天天做给他吃,把做出来的所有东西都一下子端给他,得到的结果却常常是孩子对那个饭菜变得腻歪,或者孩子只吃了端给他的一小部分。家长进而忍不住抱怨孩子吃得太少或者折腾妈妈一顿就吃那么一点点。可以想象,就着这些小插曲,孩子对于进食的积极情感体验还能剩下几多?说到这里,还得自我检讨一下,曾经的自己就是这样子的。

好在现在我自己的供给方式有所改变,那就是"以少胜多",效果的确很明显,孩子对于"唯一"或"少量"的获得,更懂得珍惜了。

最近给桐桐买钢琴书,本来网上不止一种的,她当时在小伙伴家看到了特别喜欢,但我还是只给她买了一本。拿到这个唯一的宝贝之后,小家伙果然特别特别喜欢,玩得也比较专注;反之,如果我一下子给她买太多,或许结果就是她动动这个,动动那个,就难以用心地去探索其玩法。

今天早晨烙了很多饼,我很希望桐桐多吃点,但拿给在另一个房间的她时,却没有一下子端给她,而是一小块一小块地拿过去,并告诉她所剩不多了,但吃完可以跟妈妈要,如果还有,妈妈还会给她的。结果小家伙好像在吃很难得的东西,吃得很开心,而且多次跟妈妈索要,不一会儿,就吃了很大一张。要知道,我一下子给她提供一大张的时候,往往她吃三分之一就不错了!

帮孩子克服心理的恐惧

> "妈妈,我不敢睡小床,我怕鬼!"
>
> "妈妈,打雷了,我怕!"
>
> "我不敢坐那个海盗船,会呕吐的!"
>
> "不看这个节目,我害怕上面那个人!"
>
> ……

在很多家庭里,这样的孩子并不少见,特别是两岁之后,孩子害怕的事物更是越来越多,有时候白天不害怕的事情,到了晚上也会变得非常害怕。有一次我和同事一起带孩子出游,对方的儿子是一个非常壮实的小男孩,两岁多,白天生龙活虎玩得很 High,可是一到晚上快睡觉的时候,就开始怕黑、怕陌生的居住环境,不住地哭闹,要回家,不要睡觉,哄了好几个晚上局面才有所改善,可见孩子容易恐惧的现象不仅在遭偏见的女宝宝那里常见,男宝宝其实也不例外。

一、孩子为何与恐惧结缘？

那么，为什么孩子很容易怕这怕那呢？其实这种情况的出现，是跟孩子的心理发展规律有一定关系的。

可以说，恐惧是孩子社会化过程中出现较早的基本情绪之一，用斯波克博士的话说，所有的孩子都会有恐惧心理，因为世界上充满了他们不知道的事物。有的恐惧体验，来自于孩子的本能，比如，过大的声响天然会让孩子恐惧。有的恐惧跟他们既有的知觉经验有关，比如，被开水烫过的孩子再看到妈妈倒水就可能离得远远的。有的孩子会由于想象而产生恐惧，比如，听妈妈讲过狼外婆的故事后，就产生了对大灰狼的恐惧。甚至，当他们的秩序感受到挑战的时候，也会产生成人可能看不懂的恐惧，蒙台梭利就曾经在她的著作中记载了一个六个月的小女孩因为卧室里突然多了一把伞而焦躁不安的案例。恐惧还和父母的教养方式有关，在孩子喜欢自由探索的空间敏感期，如果家长出于安全的考虑，过于焦虑，处处给孩子设限，动辄一惊一乍地呵斥孩子，就容易让孩子获得这样一种意识：这个世界是不安全的，充满了危险。家长事无巨细的呵护又让他们难以体验到自身的力量，自然就少了许多独立面对世界的自信。

孩子的恐惧体验还会在两岁之后更加明显。这是因为，这个时候他们的生活经历已经相对丰富了，在跌跌撞撞的成长过程中，随着活动圈子的扩大，他们的生活经验持续扩大，这其中不乏一些挫败的体验和痛苦的感受，比如，被狗咬过、被开水烫过、被外婆吓唬过等等。与此同时，在听故事或早期阅读的过程中，头脑中也积累了越来越多的表象，偏偏这个时期的孩子,想象力已经有了进一步发展,很容易在头脑中组合再造可怕的形象,再加上他们还难以分清想象和现实,很容易把想象出来的东西当成真实性的存在,并跟自己的生活建立联系,频繁出现恐惧行为也就不足为怪了!

二、尊重孩子的恐惧,用陪伴给孩子力量

孩子的恐惧,通常会很让家长闹心,担心孩子这样胆小下去没出息,有的家长为了抚平孩子的恐惧,经常说些"鬼是不存在的"、"有什么可怕的呀!""没关系的,它不咬人的"之类的话安慰孩子,却发现孩子恐惧依旧,甚至更加无助了。为什么会出现这种情况呢?这是因为,恐惧只是一种本能的感觉,而感觉是很难用语言去指挥的。这就不难理解,为什么上述那些面对孩子恐惧的反应方式总是很难真正帮孩子赶跑恐惧了,相反,这些看似轻松潇洒的说法只能增强孩子的无能感:对别人来说这么不值得恐惧的事情,竟然会让我感到如此胆怯,我真是好像除了恐惧什么都不会!

所以,当孩子对某个事物产生恐惧的时候,不管孩子恐惧的对象在成人看来是多么可笑,家长都不要急于跟孩子宣布那个事物是多么不可怕,或者借机教育孩子要勇敢之类,而是尊重孩子的恐惧感,承认这种体验的存在,因为这个时候孩子所需要的,不是成人的嘲笑或教导,而是他们的情感支持,告诉他们无论遇到多么可怕的事情,爸爸妈妈都会陪伴着他是更为明智的选择,这样不仅可以让孩子获得来自成人的理解和支持,还能让他们意识到自己并不孤单,从而增强对抗恐惧的信心和力量。

再大一点的孩子,家长还可以让他们意识到,只是在某个时候,做某件事情的时候,他才感到害怕,但这并不意味着恐惧已经在他身上扎根,在不那么恐惧的领域,他仍然可以成为一个很有价值的人,这样,我们就给了孩子面对恐惧的力量!

三、对症下药,化解孩子的恐惧

在尊重孩子感受的同时,家长还可以针对孩子恐惧的不同成因,采取不同的对策化解孩子的恐惧。

如果恐惧源于无知,家长就可以通过丰富孩子的相关知识帮孩子消除恐惧。比如,如果孩子害怕雷电,就不妨给他讲讲雷电产生的道理,已经熟悉的事物,会让他少了许多神秘感,恐惧感自然也就少了根基。

如果孩子的恐惧是自己想象出来的,比如怕鬼、怕幽灵、怕狼外婆等,家长平时就要尽量避免使用激发孩子恐惧想象的语言,那种动辄用"大灰狼"、"怪兽"吓唬孩子的做法,通常很容易触发孩子对可怕形象的想象,引发恐惧行为。陪孩子阅读时,尽量避免容易引起恐惧的内容也很重要。

另外,由于孩子的情绪体验受父母态度的影响很大,父母不妨做好勇敢角色的示范作用,特别是在孩子第一次接触某事物的时候,如果父母能够表现出对某事物的正性情绪体验,孩子就可能消除对那个陌生事物的恐惧,比如,家长在孩子第一次看到狗的时候,表现出对小狗的紧张情绪,则孩子就会认为狗是很可怕的,反之,如果家长友好地去跟小狗互动,则孩子害怕小狗的概率就会小很多。

最后,但不是最不重要的,就是平时多注意给孩子自由探索的空间,让孩子做力所能及的事情,增强孩子内在的力量,一个对自身力量充满信心的孩子,会对掌控环境的能力充满自信,不再容易怕这怕那,缩手缩脚。

为什么唠叨很难产生教育效果？

"要不要吃……？要不要吃……？"

"吃这点怎么够？！"

"你让她吃呀！！！"

"把碗里的吃干净！"

"来，再吃一点！"

"要不吃这个吧？"

"这个很好吃的，你吃吃看呀！"

"这么瘦，还不好好吃饭！"

……

在我们家，只要爸爸和桐桐同时在家，家里就会不断传来爸爸让桐桐吃东西的声音，讨好的、命令的、质疑的、催促的，各色混杂，目的只有一个——让桐桐多吃，为了让她吃进去，不按顿，不管提供的是不是垃圾食品，只要桐桐同意吃，定然立马伺候；吃了，还嫌吃得不多；吃得多了，还怕不饱；饱了，再过一会儿，又怕她饿了，于是新一轮的询问再度登场……到了吃饭时间，万一桐桐的表现不符合期待，这类督促声更是此起彼伏，仿佛桐桐生来就是为了吃饭而存在的，而她一天下来的主要任务，也就是吃饭再吃饭。

然而，尽管爸爸如此苦口婆心，为了让桐桐张开金口几乎可以说是无所不用其极，桐桐的吃饭，却始终是她最大的问题，不仅没有一点自觉主动性，而且挑三拣四，饭量少得可怜，这让爸爸更加抓狂，变本加厉地在吃饭问题上喋喋不休,桐桐却不为所动,吃饭还是老样子,甚至有时候故意不吃气爸爸。

爸爸整天软硬兼施试图让桐桐多吃点饭,却没什么效果的事,让我想起了心理学的"超限效应"。

所谓"超限效应",指的是刺激过多、过强或作用时间过久,从而引起极不耐烦或逆反的心理现象。它起源于那个著名的马克·吐温听牧师演讲的故事:美国著名幽默作家马克·吐温有一次在教堂听牧师演讲。最初,他觉得牧师讲得很好,使人感动,准备捐款。过了10分钟,牧师还没有讲完,他有些不耐烦了,决定只捐一些零钱。又过了10分钟,牧师还没有讲完,于是他决定,1分钱也不捐。到牧师终于结束了冗长的演讲,开始募捐时,马克·吐温由于气愤,不仅未捐钱,还从盘子里偷了2元钱。

个人以为,这个"超限效应",用来解释成人的唠叨不仅起不到期待的作用,还容易把事情搞糟的情况再好不过。当家长就同一件事一而再再而三地唠叨孩子时,实际上孩子就接收到了过多、过强、过于持久的信息,过犹不及,这样的信息,非但不能让孩子"刻骨铭心",还容易让他们厌烦甚至逆反,使得教育效果大打折扣甚至适得其反!

唠叨难以产生教育效果甚至会恶化问题的另一个原因,在于它传达了太多的关注,当我们把太多的注意力放在孩子的某个行为上时,实际上等于给孩子的那个行为施加外在的压力,等于在限制孩子的自主性。还是拿吃饭这件事来说,本来这是很让人享受的生理本能,一旦我们把太多的关注放上去后,结果将是什么样的局面呢?孩子吃多吃少、吃快吃慢、吃这还是吃那、是否吃饱等都成了父母唠叨的对象,在这么多的指点、祈求、期待、责难甚至强迫之下,简单的一个吃饭动作,就被演变成一个压力与反抗压力的心理战,被异化成"自主权"争夺战,孩子在吃饭问题上不想办法给父母出难题让父母"输下去"才怪呢!正所谓父母越是关注什么,孩子越是容易在哪里出问题。关于这一点,更详细的解析,可见后面的文章《孩子问题,父母制造》。

慎选伙伴父母有责

某日,收到一份来自家长的咨询邮件,对女儿经常跟一个比较"凶悍"的伙伴玩耍表示担心,又不知道自己要女儿远离那个小伙伴的提醒是否妥当:

> 我们小区里有个6岁的女孩,跟我女儿是同班同学,经常一起玩。不过那孩子比较"凶悍",也不太讲礼仪,在小区里一起玩的时候经常对包括我女儿在内的其他孩子指手画脚,不高兴起来还会动手,在班上排队的时候总是要插队在我女儿的前面。我观察到女孩的家长动辄打骂孩子,有时候又放任孩子,教育方式简单、直白又粗暴。对这样的孩子,一方面感觉女儿跟她一起会"吃亏",另一方面也担心女儿会受其影响,好几次我都忍不住叫我女儿离她远点,尽量不跟她一起玩,不知道我的做法是否妥当?

看了这位家长的邮件,非常理解他的担心,虽然他的做法只是出于让女儿免受不良影响的本能,实际上既有的经验和理论积累都告诉我,他这样做

没什么不妥的,于是给他回了这样一封邮件:

> 您的担心是有一定道理的,虽然小时候言行不大合乎社会规范的孩子长大后未必不好,不同家长的教养观也可能会有所不同,很难绝对地划分是非对错,但孩子在与同伴交往过程中,如果因为交往对象的不当言行受到了不良影响,家长是可以考虑劝说孩子远离当前交往对象的。因为与同伴交往中的朋辈影响,是孩子成长环境中一个不可忽视的因素,正所谓"近朱者赤,近墨者黑",好的玩伴,给孩子提供的往往是一种正向的行为示范,"糟糕"的同伴,则有可能让孩子习得不那么好的行为习惯。"居必择邻,交必择友"的古训,说的就是这个道理。国外经典的家庭教育著作《卡尔·维特的教育》也专门讲到替孩子慎选同伴的观点。

为什么同伴交往的影响会如此不可忽视呢?不妨来看一下观察学习理论的说法。

一、观察学习是非常普遍的个体学习方式

观察学习理论是当代著名心理学家班杜拉于20世纪60年代提出来的,班杜拉将观察学习的概念定义为"一个人通过观察他人的行为及其强化结果而习得某些新的反应,或使他已经具有的某种行为反应特征得到矫正"。他认为,人们不仅可以通过直接经验进行学习,而且还可以通过观察所获得的间接经验引发学习,换言之,学习者可以自己不去亲身经历,仅仅通过观察他人的行为及其行为结果就可以发生学习过程。比如,学习者看

到某个人因为做了某件事并从中获益,就有可能去学习这种好的行为,反之,如果发现一个人因做了某件事受到了惩罚,就可能避免那种行为。所以,观察学习又称替代学习(vicarious learning),它十分强调榜样对一个人的影响。

观察学习理论还认为,人的多数行为是通过观察别人的行为和行为的结果而学得的,从动作的模拟到语言的掌握,从态度的习得到人格的形成,都可以通过观察来完成。依靠观察学习,个体可以迅速掌握大量的行为模式。

由此可见,观察学习是一种非常重要的学习方式,而且具有不可替代性,这对于幼儿来说尤其重要,一来因为幼儿正处在喜欢模仿的阶段,很容易接受周围的行为影响;二来因为幼儿相对于成人来说,由于人生的经历还没有充分展开,直接经验有限,经由间接经验的学习就不可避免地成为他们的主要学习方式。

二、同伴是非常重要的观察学习对象

为什么在幼儿观察学习过程中,同伴的作用不可忽视呢?这一点,又可以从观察学习的特点来解释。

观察学习理论认为,虽然个体(观察者)可以通过观察别人的行为发生学习过程,却不是周围所有的行为都会被照单全收为学习对象。个体选择什么行为进行学习,其实是有一定条件的,诸多影响因素中,有一个非常重要的因素就是观察者与观察对象的关系和相似性。

就关系而言,观察者与观察对象的关系越密切,接触越多,那么观察者就越容易认同和模仿观察对象的心理与行为。就相似性而言,个体在选择

行为榜样的时候，会受到自己和榜样之间的关系和相似程度的影响，即榜样与自己的年龄、性别、经历等越近，其行为越容易被模仿。或者说，个体与榜样之间的共同点越多，榜样行为就越容易被习得。所以，与自己经常有固定交往的同伴，更容易成为反复观察、模仿的对象。这就不难理解，为什么孩子跟喜欢骂人的小伙伴交往一段时间后，就难免学会说几句脏话，而一个爱运动的孩子，也可能会带动小伙伴的运动兴趣。

三、慎选伙伴是为了让孩子更好地观察学习

从上文所述的观察学习理论可见，孩子在交往过程中，替孩子慎选伙伴十分重要，通过鼓励孩子多与那些行为习惯良好的伙伴交往，孩子也会看到自己的差距，模仿一些更好的行为，反之，如果孩子的玩伴中不良习惯较多，就要注意隔离孩子所受的不良影响。所以，在孩子面临负性行为示范风险的时候，案例中家长尽量让孩子慎选同伴的做法，是可以从"观察学习"这里找到理论支持的，可以考虑。

当然，话再说回来，如果案例中的孩子已经有了明辨是非的能力，不会轻易模仿不符合社会规范的习惯，与"凶悍"伙伴交往并没有受到不良的影响，家长也不必太担心，毕竟，外部世界里是形形色色的人，孩子迟早要同不同的人打交道，引导他们带着一双慧眼去同各种各样的同伴交往，去努力发现"坏"同伴身上值得学习的优点，也未尝不是一种更具包容性的教育引导方式。

培养孩子的自控力

自控力指的是一个人能控制及调节自己行为的能力。研究表明，影响一个孩子日后成就水平的因素中,自控力比智力更重要。自控力发展好的孩子,抵制不良诱惑的能力更强,达成目标的意志更加坚韧,因而往往更容易实现自己的梦想。学前期是自控力发展的关键期,错过这个时期很容易事倍功半,故应该成为早期教育的重要任务之一。那么,培养孩子的自控力,家长可以怎么做呢?下面就谈谈这个话题。

一、让规则自然地融入孩子的生活

规则意识是自控力的基础,一个不懂得遵守规则的孩子,是很难有效地调控自身行为的。比如,一个没有因打人受过约束的孩子,发生冲突时更容易在冲动之下去打人。

所以,在孩子出生后的教养过程中,家长通过一定的方式,适时让他们明白什么是可以做的,什么是不可以做的非常重要。孩子越小,规则越容易被接受,因为孩子出生后,他所处的教养环境是什么样子的,就会认为生活应该是什么样子的,如果出生后就自然地将规则融入教养,则孩子就会本能地把遵守规则看成生活的一部分。这就提醒家长,再爱宝贝,也不能百依百顺,否则孩子很容易获得一种意识:世界是为我存在的,我想怎么样就可以怎么样。这对于培养他的自控力有弊无利。

二、让孩子体验到"延迟满足"的快乐

所谓"延迟满足",在这里指的是孩子为了获得更好的结果,先克制自己的欲望,放弃眼前诱惑的能力,也就是通俗而言的"等待"。增强孩子的自控力,培养他们"延迟满足"的意愿和能力十分重要,所以,家长们不妨从孩子很小的时候起,就有意识地让孩子慢慢习惯等待,但这个过程一定要让孩子

感觉到爸爸妈妈的爱。比如,孩子有什么非紧急的事情喊妈妈时,妈妈一边在第一时间答应"好嘞,宝贝,妈妈忙完这点就来",一边有意识地拖延一下再去满足孩子,拖延的时间可以由短到长,让孩子慢慢习惯更长时间的等待。

关于延迟满足,美国还有个经典实验:让四岁的孩子单独待在小房间里,发一颗糖果,告诉孩子可以马上吃掉,但如果能等到研究人员回来再吃,就可以额外得到一颗糖果。结果有些孩子立即吃掉糖果,有些孩子则能忍住冲动,坚持到研究人员回来,并得到了事先允诺的两颗糖。这个实验带给我们的启发是:向孩子具体地描绘延迟满足后的良好结果十分重要。另外,家长还可以向孩子传授一些抵制诱惑的办法,比如,转移注意力就是很好的方法。

三、给孩子提供自控训练的辅助条件

培养孩子在行为方面的自控力时,成人提供一些辅助条件非常重要。比如,要求孩子每次只能看15分钟动画片,但孩子往往还没有那么强的时间观念,很难及时停下来。这个时候,如果成人能准备一个外形可爱、可以倒计时的小闹钟,设定其到时或提前一分钟响铃提醒,则孩子控制自己行为的概率就会大很多。如果孩子能够做到,家长就给予一定的表扬或五角星等奖励,五角星积累到一定数量还可以换购喜欢的东西,则孩子愿意配合的积极性也就大了很多。待孩子多次重复做到这样的自控之后,自控的能力也将更上一个水平。待自控成为习惯,再逐步撤除外部的刺激,影响也不会很大了。

支持孩子兴趣，不怕"半途而废"！

经常有家长发愁地问我，孩子想学某样东西，比如围棋、钢琴等，但不知道他能否坚持到底，这种情况下，还要支持他学习么？"当然要！"通常我会给他们这样肯定的回答，却往往换来更焦虑的追问：万一孩子半途而废怎么办？"万一半途而废也没什么呀。"我的轻松态度每每都让家长感觉不可思议，直到我给他们作了下面的解释：

一、孩子的发展充满无限可能，因为担心半途而废就剥夺孩子发展的机会是不公平的

孩子的发展充满了无限可能，任何他们感兴趣的东西，都可能是今后发展的一个特长领域，如果因为担心孩子半途而废就放弃支持孩子，无异于扼杀了孩子的一种发展可能，没有任何人能够保证孩子学任何特长都会坚持到底，家长因为自己内心对半途而废的恐惧就剥夺孩子的机会是不公平的。

二、半途而废是一种客观存在，也是认识自己的必要选择，不允许孩子例外是不现实的

事实上，即使大人也无法保证做任何事都能坚持到底，半途而废的情况并不罕见，因为我们只能在尝试之后才能确认所尝试的是不是自己真正喜欢的东西，也正是在"半途而废"的过程中，我们对自己的兴趣爱好有了更多的觉察，从这个意义上说，"半途而废"是一种客观存在，也是认识自己过程中必要的选择，否认这种现象的客观性，不允许它在孩子身上发生，也是不现实的。

三、半途而废并非没有任何意义，尝试的过程自有它的价值

半途而废并非没有任何积极意义，因为孩子在已经经历的学习过程中，尝试了希望尝试的东西，只是后来发现自己很难坚持下去而已，即使放弃了，他也不再会为没有努力过而遗憾。这本身就是一个宝贵的生命体验，生命的意义不是以它的结果来确定的（否则每个人最终都是死亡这个结果，过程的区别就没有意义了），生命的过程自有其价值，半途而废的尝试也是过程的一部分，孩子已经从中得到了尝试带来的满足，这就足矣！

由上文可见，如果家长因为恐惧"半途而废"而限制孩子去尝试自己的兴趣，并要求孩子一旦开始就不能半途而废，其结果只能有一个——令孩子因为惧怕"半途而废"带来的不愉快结果而轻易不敢尝试新东西，进而失去更丰富的生命体验！

小提醒：允许孩子"半途而废"不是说要无条件地支持孩子的任何兴趣发展要求。在涉及较多经济投入的决策时，比如，报高价的学习班、购买钢琴等乐器，家长也要稍加谨慎，观察一下孩子是真有这方面的基础、兴趣还是心血来潮，或者只是在盲目跟风其他小朋友；并把学习过程可能遇到的困难告知孩子，如果孩子预先知道困难还愿意坚持，则让他继续。反之，则继续观察一段时间，以免由于轻易"半途而废"可能带来的经济损失。

学会向孩子示弱

亲子关系中，作为成人的我们往往习惯于扮演权威、强大的角色，诸如保护孩子的安全、引导孩子的成长、为孩子的行为界限"建章立制"，等等，其

出发点固然是为了更好地爱孩子,并做好父母的角色示范。于是,在很多家庭里,强大的父母,弱小的孩子,成为亲子互动模式的常格。

然而,"强父母、弱小孩"的亲子互动模式在给孩子安全感、为他们成长助力的同时,也很容易令孩子积累一些弱小感,削弱孩子独立面对这个世界的力量,这些消极的自我体验,积累到一定程度,很容易成为自卑、负性情绪的来源。《倾听孩子》的作者惠芙乐·夏洛蒂就特别强调这一点,并在此基础上建议父母每天给孩子半个小时的亲子时间,在这半个小时里,父母要放下成人的架子,与孩子打闹成一团,任凭孩子扮演强大的角色"驾驭"自己,借以帮助孩子释放白天在成人世界中积累的弱小感,并密切亲子关系。我个人十分认同夏洛蒂女士的这一观点,日常育儿实践中也一直在努力践行,但同时进一步认为,育儿过程中,父母除了有意设置让孩子"强大"的时间外,还可以随机向孩子示弱,借以激发孩子内在的积极能量,这样的示弱,可以讲究技巧,但一定要真诚,以免被孩子识破,弄巧成拙。下面共享一些心得体会:

一、示"胆小"之弱,让孩子更勇敢

当下的"育儿指南"中,有一种很有影响力的观点,那就是为了避免孩子受到消极暗示,父母即使害怕特定的事物,最好也不要在孩子面前表现出来,以免孩子"观察学习"到了父母对特定事物的恐惧。这样的"逞强"非常难为父母不说,未必真的能把孩子影响得更勇敢。相反,父母适当地在孩子面前暴露自己的恐惧,更容易激发孩子的保护欲和对特定事物的勇气。

举个我个人的例子,我自己有个从小到大如影随形的恐惧,那就是害怕虫子,考虑到女儿桐桐去乡下时也有点怕虫子,一开始的时候,我也希望自

己能掩饰这种恐惧,可是发现这样做很难。有一次给她读书时,一不小心翻到一个带大青虫的页面,竟然吓得惊叫着把书一扔老远,原以为女儿也会被吓着,却没想小家伙被妈妈惊恐的样子逗乐了,捡起书来后,一会儿得意地哈哈大笑,一会儿安慰妈妈不要害怕。结果,妈妈的恐惧没有被安慰掉,"虫子"事件却成为桐桐不怕虫子的转折点。从那以后,再看到虫子的时候,桐桐就会恶作剧地拿来吓唬妈妈,或者懂事地保护妈妈,当然,她对虫子的恐惧,也就荡然无存了。

二、示"差距"之弱,让孩子更自信

孩子虽然弱小,但他们的很多能力,比如音乐感知能力、语言学习能力、想象力等,却是成人望尘莫及的,而且,由于自小就有着更好的教育条件,当今的孩子在某些方面往往比父母更强。如果父母能够善于发现这些差距,并适当示弱,则更容易激发孩子的自信。就我自己而言,当发现女儿桐桐哪些方面比我强的时候,我常用的示弱语言是:

"……太厉害了,妈妈小时候还不会呢!"

"……能不能告诉妈妈,怎么才能做得像你一样好呢?"

"……妈妈有个请求,你来当妈妈的老师好不好?"

通常情况下,当桐桐发现连作为成人的妈妈也不如她时,便平添信心并乐于帮助妈妈一起进步。

三、示"笨拙"之弱,让孩子更独立

凭经验我们知道,善于偷懒的妈妈,更容易养出独立的孩子,那么,这个"懒"怎么"偷"法呢?学会示弱有助于解决这个问题。

拿整理书包这件事为例。我的女儿桐桐上小学第一天，为了培养她对自己学习的责任感，我就对她说："妈妈小时候没有整理书包的经验，以后你自己的书包就靠你自己了，妈妈没有能力帮你。"桐桐一听妈妈搞不定，就很自然地接受了挑战，上小学以来没让我管过她的书包。

对于那些年龄较大还迟迟不愿独立，凡事依赖父母的孩子，父母更要善于示弱，甚至故意犯错，以便唤起孩子对自己的担当意识。比如，对于习惯妈妈帮他整理书包的孩子而言，妈妈可以在整理时故意遗漏一些东西，让孩子次日上课时发现依赖妈妈带来的不便，在这个基础上，父母再提出孩子亲自来整理的要求，一旦孩子"就范"，就及时鼓励孩子的进步，以此类推，逐个击破孩子依赖性较强的行为。

需要说明的是，养育过程中，父母的示弱并不局限在上述三个方面，篇幅原因不再赘述。但父母可以牢记一点，善于示弱的父母，可以收获意想不到的惊喜。

今天，你"照镜子"了吗？

桐桐和我之间，有一个逐渐成为睡前仪式的设置，那就是"照镜子和感恩"，即，安排三个环节的睡前交流：其一，说说对方今天进步的地方，最好三个以上；其二，说说今天对方需要改进的地方；其三，说出今天值得感恩的（至少）三件事。

桐桐很喜欢这个安排，我更是。或者说，其实每次娘俩进行这个睡前仪式的时候，我的内心是窃喜的、欣慰的——窃喜的是这个看似常规的仪式背后，其实是我用心进行的教育设置；欣慰的是孩子如此享受这种交流，这样我就可以更轻松地对她的成长进行引导。为什么这么说呢？下面就边"嘚瑟"这个安排的用意边秀实践下来的效果。

先说"今天进步的地方"，其实这个设置的初衷是多元的。首先，我希望借此教孩子习惯看到别人的闪光点，学会用发展的眼光去看待别人，即使一个人再不好，也有值得学习和肯定的行为，再说，每个人每天都在发生变化，今天没有好的地方不意味着明天没有好的地方。其次，如果我们能有这样一双善于发现的眼睛，那么不仅能看到更多的美好滋养自己的内心，还能慢慢地变得包容一些异己。平时我也是这样引导桐桐的。以前的时候，桐桐偶尔会提到班里有个孩子很不讨人喜欢，我在接纳她感受的同时，偶尔也会在她情绪平静时试着问她："××同学有没有什么值得我们学习的地方呢？""妈妈想，一个人不可能只有缺点的，总会有一些优点，想想看，××同学的优点是什么？"当孩子愿意去发掘"敌人"的闪光点之后，心理上肯定也就多了一份接纳，现在桐桐就和这个孩子成了很好的朋友。当小家伙把这个消息告诉我时，我就按捺不住内心的激动："所以呢，人都是会变化的，妈妈确信，你们的关系能有现在的状态，跟你能够看到她好的一面有很大关系，真让人骄傲。"最后，看到别人的闪光点很重要，表达出来也很重要，换句话说，这也是一个学习赞美的过程，人际交往需要赞美，没有人会拒绝诚挚的赞美，赞美是良好人缘的润滑剂。我不喜欢吹牛拍马，但一直很佩服那些善于赞美的人，希望能和小家伙努力修炼成这样的人。

"需要改进的地方"这个设置，则越来越让我感动和感慨。因为这个环节其实是一种委婉的批评，但因为换了一种正面的表达方式，接受起来就容易了许多。桐桐不仅很喜欢，每次还很期待。正是在这个设置中，我完成了对桐桐很多行为的矫正和提醒，并欣慰地看到了她无声的改变，当然我从中也受益匪浅，那就是在这样一个开诚布公的交流中，每次都能听到孩子对自己如何进一步努力的期待（平时孩子可是未必敢直接说的），这也是一个督促我逐渐完善自己的过程。我相信，同样的话，如果换成剑拔弩张的责备甚至教训，效果一定差了很多。印象最深的就是有一段时间，桐桐很不喜欢复习语文中的字词默写，我因此都跟她产生了正面冲突，却激起了她更强烈的逆反。后来我灵机一动，在这个"需要改进的地方"里委婉地表达了自己这方面的期待，小家伙就开心地接受了，现在默写什么的，就很配合甚至很享受，我当然也毫不吝惜地在"今天进步的地方"表达了自己的惊喜，良性循环就此建立。

　　睡前"感恩"是我自己曾经坚持过很长时间的设置，对于感恩的力量，我一直深有体会，因为感恩不仅会让我们意识到原来生活中充满这么多爱，看到自己被爱的价值，整个心都会慢慢变得温润、柔软起来。因为自己的这个生命体验，我觉得有必要跟桐桐共享这么美好的东西。当然，把这个设置迁移到与桐桐的睡前交流中来，还有一个考虑，那就是小家伙原来在这方面做得还有待进一步提高。或者说是因为有一次被外教 Traci 触动了：有一次 Traci 听说爸爸专门去学校给她送作业，就问她说谢谢了吗？小家伙当然没有意识到也应该对爸爸妈妈为她做的事情心怀感恩，甚至一度视为理所当然的，爸爸妈妈做不到她期待的样子还不开心。除了家人之外，有时候别人送她礼物，也不知道表示感恩。我觉得有必要重视这个问题，就试着引入了这个环节。一开始，小家伙的确想不起来有什么需要感恩的，我就在一边启发她：想想看，今天 Traci 给你上课，你那么开心，是不是要感恩 Traci 带来的快乐呢？今天下雨，爸爸身体也不舒服，还坚持送你去学校，是不是也值得感恩呢？……经我这样一提醒，小家伙果然发现生活中充满了需要感恩的事情，一段时间提醒、实践下来，现在小家伙一讲到这里，就会变得很有话说了，有时候一些看似很小的事情，她都能看到带给自己的美好。对于爸爸妈妈为她做的一切，也不是那么挑剔了，而是愿意用感恩的心看待爸爸妈妈的付出。

教育无小节，处处皆学问，很骄傲自己找到了这样一种轻松快乐的方式，也很感恩小家伙的接纳与配合，忍不住与"同好"共享，希望更多的家长能从中受益。

第五章 "细节"里的"大爱"

本部分分享自己的一些育儿细节,希望能让读者明白,爱无"小节",并向读者示范如何在"细节"里植入"大爱"。

不可忽视的"再见"环节[①]

每个孩子都容易黏妈妈,桐桐也不例外,以至于每次把她送到爷爷奶奶家时,我如何脱身就成了艰难抉择,因为小家伙看到我离开时往往会充满了委屈和不舍,爷爷奶奶舍不得她哭,便经常哄着她。让我偷偷离开,说实话我很不希望这样"欺骗"孩子,但他们似乎并不接受我的观念,以至于每次偷偷离开孩子时,心里都充满了负罪感。

听起来好像是把孩子看得过于娇贵了,但依我个人的育儿主张,我觉得这种顾虑并不是杞人忧天。为什么这么说呢?

试想,在依恋妈妈的孩子没有任何预期的情况下,转身找妈妈的时候,却发现妈妈已经不见了,而在这前几分钟,妈妈还在让她感到安慰的视野里,孩子会是什么感受呢?我想最可能的反应是:

妈妈随时都可能悄然消失,太让人难过了,以后我一定黏好妈妈!

此情此景,孩子也许会默默接受现实,也不会哭泣,但他们的安全感,却在不经意间受到了伤害。如果妈妈事先答应过孩子继续陪他,却又不辞而别,情况还可能更糟,孩子可能会因此发现:

原来最爱的妈妈也会欺骗我,太让人伤心了!

[①] 成文于2009年9月10日,宝贝桐桐2岁1个月12天。

连最亲的人都不值得信任,那我还应该相信别人吗?对这个世界的不信任感,也许就由此来。

上述反应,不管是哪一种,可以说都是比较负面的。相反,如果妈妈离开孩子时讲清道理或者坦然地跟孩子告别呢?情况也许就是另外一种:

孩子或许听不懂道理本身,也不愿意接受妈妈要离开的事实,甚至可能会哭闹着拖住妈妈不放,但只要妈妈平静地对待这一切,哪怕是在孩子哭声中离开,所带给孩子的伤害也不过是短暂的分离焦虑,而且,在这种情景多次重复之后,孩子会渐渐明白:只要妈妈不说要离开我,她就不会离开,我就可以放心地玩,即使她离开了,该来的时候她还会重新回到我身边,所以,妈妈的离开并不可怕。而且这种离开是可以事先知道的,毋庸讳言,孩子的安全感和对世界的信任感也因此受到了保护!

所以,如果您不得已需要经常离开孩子,一定要注意跟孩子说再见,甚至跟孩子讲清楚离开的理由,即使孩子听不懂具体语言内容也没关系,从您的肢体表情中,孩子会感受到妈妈的诚意;他们的分离焦虑,虽然也许会因妈妈的坦然离开而爆发,但也会在哭泣中修复,而且,这样的眼泪,是他们成长的必要代价,他们虽然流下我们不愿意看到的泪水,却会从中逐渐学会接受妈妈不可能永远陪着自己的事实,从而得到心灵的成长!而悄悄离开所带来的情感伤害,远远比泪水来得可怕!

可以不分享

逛街的时候,桐桐看到一个玩具小狗,一见钟情,非要我买,我就跟她二姨讨了钱,给她买了一只。小家伙拿到后,爱不释手,到了吃饭的地方,又建议我回去给瑶瑶姐姐也买一只，但我出门时没带钱包，要跟二姨要钱才行，而且已经离开玩具小摊很远，瑶瑶姐姐已经上四年级，也未必喜欢那么小儿科的玩具，就没折回去买。

吃饭的时候，瑶瑶姐姐因为跟她爸爸妈妈商量买小猫遭拒绝的事情哭了，我就建议桐桐把玩具小狗送给姐姐，桐桐紧紧抱住小狗，不舍得，说实在喜欢那个小狗，我又建议她借给姐姐玩一会儿，她还是不舍得，说自己实在实在太喜欢，一会儿都不能离开。我就没再逼她。日常生活中我一直告诉桐桐，自己实在喜欢的东西，是可以不送人不分享的。所以，小家伙虽然分享习惯良好，但遇到实在喜欢的东西，也会拒绝分享，我也支持她的做法。

同行的西西爸看到这一幕，很感慨地说，还是这样做好。他自己在教育孩子过程中就对分享有点引导过分了，致使孩子一度对于再喜欢的东西，也不懂得拒绝，只能选择违心分享，可是这种分享并不能给她带来快乐，反而让她很不开心。现在经过引导才好了一点。

我想很多家长引导孩子分享时都很容易走入一个误区，那就是引导孩子分享时无视孩子内心的感受（说到底是无视孩子的所有权），一味要求孩子分享。其实分享应该是有界限的，不是所有的东西都应该分享，尤其是最喜欢的东西。就像成人不想分享最喜爱的首饰、不想分享爱情一样，这都是人之常情，应该予以尊重。

拒绝分享特定的东西不是自私，而是对自身感受的尊重，分享的前提是承认自我及所有权的存在，无原则地分享，哪怕违心也这样做，虽然可能会让自己成为一个"好人"，但很难成为让自己喜欢的自己。

做个"馋"妈妈

某日，娘俩一起准备早餐，桐桐负责做她超喜欢吃的微波蛋糕，我负责做玉米烙，桐桐做的蛋糕非常成功，看得我都眼馋了，正思忖着不知道自己有没有口福尝一口，桐桐就大方地说："妈妈，你先吃口蛋糕吧！"……

这就是刚过五岁的女儿桐桐跟我分享的一个日常细节，类似的场景，经常在我们家里发生，每每都让我这个当妈妈的十分感动，也十分感慨，没想到一直以来有心培养的分享习惯，就这样不知不觉开了花结了果。

独生子女时代里，避免让孩子养成自私的品质是我一直十分注重的方面，深知对于幼小的孩子来说，这个早期教育目标很难靠抽象的说教来养成，我更注重的是日常生活中的细节教育，其做法之一就是做个"馋"妈妈，有什么好吃的，都尽量跟小家伙一起分着吃，这样做的目的，是让小家伙从小养成一种意识：好东西要一起分享。否则，什么东西都给小家伙吃，小家伙吃惯了独食，就很容易以为天底下的好东西都是自己的，没有别人的份，自私的种子也许就此生了根。就像小树一样，一开始长歪了，长大了再去矫正，就难上加难了！

无独有偶，前段时间听上海交通大学心理咨询中心刘晔萍老师的讲座，刘老师竟然也谈到了这个问题，更没有想到的是，我这个偷学来的"馋"功，竟然多多少少地贴近了刘老师推荐的做法。原来，刘老师在教养爱子的过程中，就曾经使用了这种跟孩子"分吃"、"讨吃"的做法，其间由于遭到爱人的反对，还专门做了一个小实验呢！

有了宝贝儿子之后，为了避免独生子女的自私倾向，刘老师和爱人坚持有了好东西让孩子一起分享，而且一般是他们吃大份，孩子吃小份，比如，一根香蕉，她和先生吃一大截，留一小段给孩子，孩子就吃得很开心。可是时间长了，刘老师的爱人发现别的家长有好东西都是省给孩子之后，觉得他们的做法太另类，就打了退堂鼓。为了说服先生，刘老师就做了个"试验"：有了好东西就给孩子，大人不再跟孩子分着吃。结果，两个礼拜之后，刘老师再拿给孩子一个香蕉的时候，故意像原来一样，先吃了一段，把剩下的一段给他，原本习惯了就吃一小段香蕉的孩子，此时却不愿意了，气得把香蕉一扔老远……"自私习惯的养成，就是这么简单！"刘老师感慨道。刘老师先生也被观察到的事实说服了，转而配合刘老师一起做起"馋"父母来，现在他们的孩子已经是懂得感恩、乐于分享的阳光青年。

讲到这个例子，刘老师不无感慨地说："如果从小就引导孩子把好的东西贡献出来，有好吃的一起分享，不出五年就会养出一个懂得关爱、分享的孩子。然而，好习惯好品质的养成很难，需要长期的坚持，破坏它们，却只需要短短的时间！"我听了，深以为然。也更加坚定了自己原来的做法，虽然依旧会经常遭到桐桐爸爸的反对，但我还是有心继续坚持下去！

亲爱的宝贝，不是妈妈有意要剥夺你享受的机会，妈妈只是不希望你养成独生子女容易犯的自私病，那样虽然可以给你带来暂时的好处，但一旦走向社会，你就会知道，具有善于分享、关爱的品质，对于你的安身立命是何等重要，妈妈不能跟你一辈子，呵护你一辈子，多年之后，你注定要有自己的独立生活,需要独立地面对社会的风风雨雨,妈妈希望能在有机会陪你成长的这些有限时光里,尽可能多地给你独立经营人生的品质与能力,哪怕当下的具体做法让你不那么舒服,让别人误解……

孩子,你做的事不是你
——帮孩子勇敢地面对批评

一年级的明明妈妈一脸愁容地来找我,说明明今天不想去上学了,怎么劝都不去,她实在无计可施,只好来求助。明明不肯去上学,是因为昨天被老师批评了。类似的情况以前也经常发生,上幼儿园的时候,每次挨了老师批评,明明就会闹着不去幼儿园,有时还一连闹好几天,让妈妈非常抓狂。

一、"管它呢!"

明明妈的描述,让我想起前不久女儿桐桐挨老师批评的事情。应该说桐桐是个相对乖巧的孩子,无论是在幼儿园还是上小学一年级后,都很少挨老师批评,可是有一天,桐桐回家后,突然在纸上边画边写:

> 一天,美术课陈老师走进我们的教室,就严厉地批评我们。我就有点难为情了。心想:我是很好的,有时会被老师表扬,为什么陈老师会批评我呢?

写到这里的时候,桐桐看起来有点沮丧,对我说:"妈妈,我觉得自己不是个好孩子,否则就不会挨批评了。"

看到小家伙困惑的样子,我立刻意识到如果这个心结不能现场给她解开的话,她就很容易对自己产生否定的认知,这样的认知一旦点滴积累起来,带给她的负面能量将是很大的。"不能让事情这样过去",这样想着,我伸出手把她搂进怀里,温柔而坚定地说:"桐桐,你知道吗?不管老师因为什么事情批评了你,你都可以确信,你做的事不是你。你是你,事情是事情。或许你某件事没有做好,被批评了,但这只能说明那件事没有做对而已,你还是你本来的样子——老师眼里的好学生,妈妈眼里的棒宝宝。"

小家伙听着,有点理解的样子,似乎又没有完全理解。于是我继续说:"打比方说,妈妈爱你,不管你做了什么事,妈妈都一样爱你,即使你做了错事,妈妈会批评你,但妈妈对你的爱不会改变,因为你是桐桐。"

桐桐脸上的表情渐渐放松下来,开心地回去继续又写又画了。待到把她完成的绘画日记拿到我手里时,文字已经成了这个样子:

> 一天,美术课陈老师刚走进我们的教室,就严厉地批评我们。我就有点难为情了。心想:我是很好的,有时会被老师表扬,为什么陈老师会批评我呢?陈老师说我们一(3)班已经是最不好的班级。我想也想不通,就想了一句:管它呢!

"管它呢!"是我前不久参加个人成长工作坊时经常听导师说的一句话,每次导师说这句话的时候,我都能体验到一种"泰山崩于前,与我何干"的洒脱,一种"来的,就让他自然地来;走的,就让他自然地走"的坦然,不纠结、不过虑、很有力量,我特别喜欢,回来后又禁不住教给了桐桐。没想到桐桐这么快就能自发地说出了这句话,让我感觉非常欣慰。而且,我相信,桐桐说这句话的时候,她的内心已经没有了一开始对自己的那种否定感。

二、卧谈会里的"盘点"

虽然无论在幼儿园还是小学,桐桐都很少挨老师的批评,但她"面对批评"的经历,却已经有好几年的"历史"了。

大约从桐桐3岁起,每天晚上睡觉前,我俩在被窝里卧谈的时候,就多了一个仪式性的项目,那就是相互盘点彼此当天的进步和需要改进的地方,她来说我有哪些进步,又有哪些做得不够好需要改正的地方,我再反过来说她。久而久之,这种彼此表扬与批评的做法就成了一个习惯,彼此说起来也越来越自然,哪怕轮到自己被挑毛病的时候,都变得非常坦然。这也是我设计"卧谈项目"的初衷之一——希望她能在这样每天对彼此优长劣短的盘点中逐渐明白,我们每天的行为,都会有一些很棒的方面,棒得让我们骄傲,但也会有一些不尽如人意的方面,需要我们改进,这都是很正常的。只要把这些不大好的行为改进了,就可以让自己获得新的进步,一个人只要每天不断进步,就是最棒的。至于那些不大好的行为,只是提醒我们还有哪些需要进步的方面,而不是我们这个人不好,我们不必因为这些事而否定自己。

大约因为在每天的"卧谈项目"中逐渐获得了对批评的免疫力,桐桐在幼儿园期间虽然也偶尔受到批评,但都没有因此闹什么情绪,也没有因此否定自己。偶尔有什么想不开的,我稍微一开导,她就很快接纳了自己。

三、多种方式帮孩子勇敢地面对批评

我始终认为,培养孩子面对批评的心理素质是一项非常重要的教育任务。每个孩子都是社会性的存在,从出生那天起,只要他还要生存和发展,

就要不可避免地与他人发生关系,接受来自四面八方的反馈信息,这些信息中,有正向的表扬、赞许和鼓励,也会有负向的批评和否定。和大人一样,正向的话孩子都爱听,接受起来都不会有什么问题,但负向的话接受起来,却总不是那么容易,而且,如果没有足够的内心力量去面对这些负面的信息,很可能因此获得否定的自我意识。孩子的年龄越小,被批评信息导向否定的自我评价的可能性就越大,因为低幼年龄的孩子,对自己的评价具有很大的依从性,容易以成人的评价为转移,成人给予的批评信息多了,他对自己的评价也就成了负性的,长大后就很容易变得自卑、退缩,相信这是很多家长不愿意看到的结果。

那么,如何帮孩子更好地面对批评呢?我个人认为,让孩子分清"自己"和"自己所做的事"非常重要。在日常教养过程中,我们可以通过很多方式让孩子明白这一点,比如,可以尝试以下方法:

1. 最基本的,批评孩子的时候一定要就事论事,不要因为孩子做了某件错事就把孩子这个"人"一棍子打死,说些"你怎么这么笨啊!""你呀,什么事情都做不好"之类的话,以免孩子总是把自己做的事情和自己这个人好不好联系在一起。

2. 跟孩子表达自己的爱时,不妨经常强调这样的话:"妈妈爱你,爱的就是你本来的样子,不管你做了多傻的事情,犯了多少次错误,妈妈都一样爱你。"这样,孩子就会明白,妈妈爱的,是自己这个人,即使做了遭受批评的事情,也不必担心失去妈妈的爱。

3. 当孩子因为别人的不当批评而难过的时候,可以引导孩子认识到,他之所以挨批评,主要是因为哪件事没做好,而不是他这个人不好。为了让孩子确信这一点，还可以同时帮他盘点一下他做的其他很棒的事情，让他认识到自己虽然这件事没做好挨批了，但他依然有很多好的方面，依然是个有很多优点的小孩。

总之，帮孩子更好地面对老师的批评，有时候并非朝夕之功，需要家长平时就做好"免疫"的基础工作，其中，让孩子意识到"你做的事不是你"非常重要，这样他才会明白，即使遭受了批评，他也依然可以是很棒的小孩，他需要改进的，只是如何做好那件事本身，只要认真对待需要改进的行为，他就可以为自己骄傲！

不为别人的错误负责

我正在拖地，听到外面有敲门的声音，凭声音就能听出是小家伙的样子，于是赶忙放下拖把，打开门，然后学着猫叫跟她藏猫猫逗乐，小家伙一边进门，一边一如既往地乐得嘎嘎大笑，不过进门后很快就扑到我怀里，指着正在上楼梯的爸爸，眼泪汪汪地对我说："他不会做爸爸！"我一看不对劲，连忙蹲下身来，搂住她问怎么回事，小家伙抽泣着说，在奶奶家的时候，爸爸不停地玩手机，她不让爸爸玩，爸爸不仅不听，还发脾气打她……

正说着，爸爸已经从楼梯到家门口，正想问爸爸怎么回事，爸爸就愤愤地在那里絮絮叨叨："养这小孩有什么用？一点用都没有，讨厌得不得了……"虽然爸爸几乎每天都拿这样的话来唠叨桐桐的"不听话"或"犯上"行为（爸爸从原生家庭习得的教养原则是他的话就是真理，孩子必须绝对服从，孩子不能指出大人的错误，否则就是大逆不道），我还是不希望孩子接受这样的负能量，但多次跟爸爸说，爸爸都不听，没办法，我只好把桐桐拉进卧室,好在爸爸没跟进去,他歪进客厅的沙发看电视去了。

我把桐桐抱到腿上坐在床边,抱着她说:"你好心提醒爸爸,爸爸却不领情,还发脾气打你(估计是爸爸不听劝,小家伙很生气,发脾气,据说差点把爸爸的自行车弄坏了,爸爸就打她了),你觉得很委屈对吗?"

小家伙点点头,眼泪哗哗地落下来,我抱紧她,继续说:"真是没办法的事,有的人就是这样,你好心劝他,他不一定听进去,妈妈也经常遇到这种情况。以前的时候,也经常因为这个生气。"

桐桐继续抽泣。我继续说:"不过呢,你好心劝爸爸,他却不听劝告,这是谁的不对呢?"

桐桐还在委屈,没有回应。"妈妈觉得啊,这是爸爸不对。"我说。小家伙点了点头。

"嗯,你看,这件事,明明是爸爸做错了,你却气得不得了,合算不合算啊? 妈妈觉得,他的错误可以让他自己负责,他不听你的劝告,继续玩手机,那么,以后他就得承担老玩手机伤颈椎伤眼睛的后果,但我们没必要为了一个不听劝的人,把自己气成这个样子,对不对?"妈妈这样说着,桐桐已经把头从妈妈肩膀上抬起来,抿着嘴,点点头,不好意思地微微笑着。

"嗯,那我们以后都记住,不为别人的错误负责,不因为别人的错误搞坏自己的情绪好不好? 当我们不能改变别人的时候,只能改变自己心里的看法,否则,天天都为别人发脾气,太不合算了。"我禁不住又唠叨了一遍。此时的小家伙,却已经一幅云开雾散的样子。我趁机告诉她,今天给她带来了第二季的《我们爱科学》。小家伙一听,兴奋地抱住了我的脖子。

又问她今天在学校里有什么开心的事情说来听听,她告诉我今天去看电影了,看的是《魔法总动员》,开始滔滔不绝地给妈妈讲剧情……

给孩子创造宣泄的机会

昨天晚上,我送给桐桐一个带拉链的本子,精致且有一定的私密性,桐桐非常喜欢,我趁机建议她,如果对妈妈(或其他人)有什么意见,又不想当面说的话,随时可以在这个本子里写下来,用她喜欢的方式发泄对妈妈(或其他人)的不满。桐桐很高兴地接受了我的建议,随即"威胁"我说:"那我现在就写你这个大坏蛋了哦!"我当然鼓励,还破例允许她晚睡了几分钟,直到她写完。

上床睡觉后,我好奇地问她写了什么,如果想跟妈妈说的话就说,不说也没关系,小家伙显然并不觉得有什么好保密的,兴奋地说写了两条对我的不满。

一条是她在听《捣蛋鬼日记》时,距离电脑有点近,被妈妈制止,她很生气。她说的是真的,因为我本人没事不是很喜欢用电脑,总觉得这东西对身体辐射比较大,平时的确是尽量让她避免接触电脑的,特别是有网络的情况下。

另一条是她吃了东西用牙签剔牙时,妈妈批评了她。这也是真的,因为我觉得孩子经常用牙签对牙齿的发育不好,以后容易长得"犬牙交错",几乎每次她使用牙签都会警告她,但她显然不喜欢被我制止。

说完这两条之后,小家伙还特地跟妈妈说:"我还特别写了:妈妈是个大坏蛋,天下第一坏。"

很欣赏她能这么直率地跟我交流她的不满,坦白地说,如果她不说出来,我还真不知道这两个看起来不值得一提的小细节会引起她这么大的不满。我们做大人的，往往会以爱孩子的名义，随意干预孩子的行为，以为只要初衷是好的，孩子就会自然接受。然而，孩子即使行动上遵从了我们的意见，心里却未必像表面上这样若无其事！

禁不住第一时间作出回应，更仔细地给她解释了不希望她那样做的道理，小家伙才慢慢释然了，后来满足地睡去。

看着小家伙熟睡的样子，我的心里稍稍多了几分欣慰——终于找到一种适合桐桐的方式，帮她发泄对成人的不满。

一直觉得，孩子比大人更不容易，幼小的他们，每天都要承受多少成人带来的负性情绪体验啊——无论他们对自己感觉多么好，在成人眼里，似乎总有可以规范的地方，这不许动，那不许玩，想买的东西可能得不到，不想做的事情却可能被指使着去做……这么多的身不由己，却不能随时发泄出来，因为他们面对的，是拥有辈分优势和"道德权威"的大人！点点滴滴的委屈和被限制行动的哭闹累积在他们心里，有时候受不了爆发出来的时候，还经常被不理解他们的成人视为无理取闹进行压制……难怪那些调侃成人的绘本，比如《妈妈真讨厌》《我的妈妈真麻烦》等会让孩子喜欢！

应该说，桐桐很小的时候，我就意识到这一点了，为此，几次在博文中倡导《倾听孩子》的作者惠芙乐（Wipfler. P）推荐的每天给孩子半小时疯闹的时间（"天使时间"），帮孩子宣泄一天下来从成人那里积压的负性情绪。为此，也总是尽量给她创造宣泄的条件，包括陪她玩摇床、摇摇马、让她画出自己的愤怒等，但总体上，只是偶尔为之，因为这些方法的操作，都需要一定的条件，比如家人的配合、孩子自己的绘画兴致等，这让我感觉很遗憾，一直以来也在思考更容易操作的办法，其间尝试过好友斯好推荐的"对着空罐子"讲内心的秘密或不满的做法，但小家伙似乎觉得有点幼稚也没坚持下来。

最近看她写作兴趣比较浓,就想到了这个记"发泄日记"的办法,没想到她能接受,很开心!

做个"大惊小怪"的妈妈

今天带桐桐去科技馆,在非洲动物区,看到一种羊,桐桐告诉我这叫"螺旋角羚羊",这是我第一次听说,便好奇地问她怎么知道,回答我说:"《父与子》里写的。"大约因为提到了这本书,她回家后洗完澡就拿了这本书重看,吃饭的时候告诉妈妈:"那个螺旋角羚羊,就在《父与子》的第39页!"(后来又补充说,《父与子》里写的是螺旋角山羊,估计是写错了,应该是羚羊。我也觉得她说的很有道理,因为科技馆的标牌上介绍好像也是羚羊。)

这件事的前前后后都让我感觉很骄傲,一方面为她丰富的知识,另一方面为她对知识的严谨态度。就把这件事在微博里记了下来。

发到微博不久,发现有个朋友评论说:

> "你这属于大惊小怪,每个孩子本来都是奇迹,这些情况对于孩子都再正常不过了。"

看了这个评论,忍不住想啰嗦几句。也算顺便表达一下自己的教养观和儿童观,对事不对人。

这位朋友说得对,我的确是一个喜欢"大惊小怪"的妈妈,桐桐身上的任何一个微小的进步或者让我惊喜的表现,我都会由衷地表达我的欣赏,并十分郑重地在她的成长记录中记上一笔,也许记录中提到的本领,别的孩子都已经会了,桐桐已经是"后知后觉",但这并不影响我看到后从内心生出的欣喜——即使别的孩子都会了,我的孩子才会,那又怎么样呢? 我看到的,是桐桐纵向的进步,在她今天比昨天更进步的地方,别人都会,不等于她也自然地会,也不等于她应该与别人同时会,别人是别人,她是她,别人都会,她不会,我也不失落,但她会了,我看到了,就发自内心地为她的这一点滴成长欣喜!

"每个孩子本来都是奇迹。"我也一直十分相信这句话,正因为此,我经常对孩子心怀敬畏,在他们面前谨言慎行,不敢以"先知先觉"的成人自居,因为他们有着超出我经验范围的理解力与学习能力,太多不经意的时候,他们给我感动,让我惊喜。但,这并不能成为我无视他们点滴进步与闪光点的理由——不管他们多么善于创造奇迹,他们都需要被看到,被欣赏,这种"看到"和"欣赏",不仅仅对他们当下"奇迹"行为的认可,还是滋养他们自我价值感的一种反馈!

"这些情况对于孩子都再正常不过了。"虽然关于孩子身心发展的常识尚十分有限,也许还有点浅薄,但我自认为还是早知道这一点的,然而,我不想因为知道这一点,就对桐桐的点滴进步视而不见。无论这种情况在其他孩子那里多么正常,桐桐对我来说,都是独一无二的,我愿意在她的成长节奏里,表达我"发现"之后的欣赏,并为自己善于"发现"和"看到"她的细微成长而骄傲!

我还会继续做个"大惊小怪"的妈妈!

本领给你自由

某日,10岁的表姐瑶瑶过来玩的时候,突然想吃炒鸡蛋,并主动提出自己做,我就放手让她去做,还鼓动桐桐在一边观摩,桐桐很开心地去了,两个人在厨房里捣鼓了一顿,弄出半碗炒鸡蛋,直呼好吃。

次日,小家伙又开始怀念跟瑶瑶姐姐做的炒鸡蛋,让我给她做,因有心让她学着做,就喊她过来打下手,还鼓励她跟着学,小家伙欣然答应,还帮我打鸡蛋液,后来我炒的时候,顺便交代她一些要领,还让她掌勺炒了几下,盛出来之后,小家伙再度大呼比昨天的还好吃。我趁机告诉她,这是因为里面有你的功劳,没想到你这么小就能跟着妈妈做出这么好的东西了,妈妈真为你骄傲!小家伙也很开心,说以后也要学着做,我当然支持。

吃完炒蛋之后,小家伙觉得不过瘾,又想吃,我故意说没空给她做了,但如果她自己做的话,妈妈就管不着了。小家伙一听,一定要自己做,还让我给她录制整个制作的过程,我就拿起手机,从她在冰箱里往外拿鸡蛋录起,如实记录了她"笨手笨脚"地打鸡蛋、费力地开煤气开关、小心翼翼地倒油和翻炒的过程,虽然还不熟练,但还是基本独立地炒出来了,想不到小家伙人生的第一份厨艺作品就这样诞生了,真让人激动啊!小家伙更是开心,一边吃一边满意地说:"原来炒鸡蛋这么简单啊!"我趁机告诉她:"你知道妈妈为什么支持你学习做饭吗?因为你学会了新本领之后,就会获得这方面的自由。比如说,现在你学会了这个炒蛋,想吃的时候,即使妈妈不给你做你也可以自己做着吃了!"小家伙很认同地点了点头。

又过了一天,桐桐突然想吃红糖饼,给她做的时候,我急中生智:何不教她做呢?反正电饼铛就放在地上,比较安全,跟她一说,小家伙立马跃跃欲试,我便让位给她做,同时在必要时给她示范,因为工艺比较简单,小家伙很快就学会了,接连做了三四个,越做越熟练。

大约因为是自己做的,小家伙吃得分外起劲,把做出来的几个都吃光了,我有意再谈起那个"本领给你自由"的话题:"看你,不知不觉又多了一个本领,妈妈真为你骄傲,说说看,这个本领让你多了什么自由呀?"小家伙说:"想吃什么就吃什么的自由,这下想吃饼的时候你就管不着我了!"我"失意"地叹了口气,说:"是啊,你现在本领越来越大,想看书就看,想炒蛋就炒,想吃饼妈妈以后也管不住啦!"小家伙很自豪。

每个家长都希望孩子学习尽可能多的本领,因为本领对于孩子的成长而言,绝不是如学会了某项具体技能那么简单,也不仅仅关乎生存能力,而是有着更深层次的发展价值——掌握更多本领的孩子,会对变革周围环境和独立处事的能力有着更多的信心,那种经常能够"搞得定"的成功体验也会让孩子获得更强大的内心力量,这样的孩子,将更自信、更强大,当然也就可以由此获得更多发展的自由,就像我经常跟桐桐提到的:"识字让你获得阅读的自由,会烙饼让你获得随时吃饼的自由……"孩子的发展空间,就是在不断获得各种具体的行事自由中慢慢拓展的。

建立本领对于孩子发展价值的上述认知,对于更好地调动孩子增长本领的积极性大有积极意义。如果家长能在引导孩子学习各种本领的时候,用"××本领可以给你××自由"来激励孩子,并将这项本领可以带给孩子的具体好处(如"到时候你想看什么书就看什么书了,妈妈不想让你看的书你也可以自己看了!""你想什么时候吃炒蛋就什么时候可以吃到了,妈妈不想给你做你也可以自己做着吃了!"等)描述给孩子,则孩子更容易接受到行为成果带来的激励,尤其是在孩子本来就渴望这种结果的时候。

反过来,如果家长难以从孩子的角度看待一项本领带来的发展价值,仅仅觉得孩子大了，应该会这样那样了，或者看到别的小朋友会了，就去逼着孩子学，却不把这项本领可以带给孩子的各种好处予以充满诱惑力的描述，则孩子的学习积极性，将很难被吊得"蠢蠢欲动"，即使最终被家长押着学会了，也感觉不到学习的乐趣，更难以产生动用那种本领的内在动力！比如，即使在家长的逼迫下认识了很多字，孩子却依然不愿意读书，更遑论享受识字带来的阅读自由！

不禁又想起龙应台写给儿子安德烈的那句话：

孩子，我要求你读书用功，不是因为我要你跟别人比成绩，而是因为，我希望你将来会拥有选择的权利，选择有意义、有时间的工作，而不是被迫谋生。当你的工作在你心中有意义，你就有成就感。当你的工作给你时间，不剥夺你的生活，你就有尊严。成就感和尊严，给你快乐。

给孩子一个美好的"雨天"

和好友带桐桐和好友的女儿妞妞出去逛，回来路上，突然天降大雨，连伞都很难撑住，我和好友很发愁，不知道这么大的雨怎么回去，觉得好好的衣服要被淋湿，运气真是不好。

两个孩子却异常兴奋，为大雨的到来欢呼雀跃，提起裤脚管，在积水的地上啪嗒啪嗒地踩水玩，乐不自禁，踩到嗨处，还高兴地一边踩一边唱，俨然老天爷送给他们一份意外的儿童节礼物！

我和好友走到一个地铁口,禁不住进去躲雨,两个小家伙不情愿地穿着溅湿的裤子进来后,桐桐还禁不住大叫:"下雨太好玩了!太好玩了!小水塘真舒服啊!"

问她:"呵,是不是觉得很酷啊?!""那当然!"桐桐一边说,一边把一只小手打开成手枪形状,眯起小眼睛,在下巴那里摆了一个很酷的 pose,这是她感觉很爽时经常用的一种表达方式,我仿佛触摸到了大雨带给她的那份惊喜。

回家的路上,大雨继续哗啦啦地下,两个小家伙则意犹未尽地一路踩着水洼,继续享受着这份天赐的美好……这让我有充分的理由相信,这个"六一",突如其来的大雨是他们得到的最好的礼物了。

不由地想起小时候陪她看过的一本绘本——《下雨啦!》,故事中的小主人公们就如此享受大雨带来的快乐,这在我们成人看来简直是不可思议的,但在孩子的世界里,他们的快乐就是如此简单,这让我很受感染,也就是受到这个绘本的触动,我一改对严寒酷暑或风雨天气的负面态度,在确保安全的情况下,开始有意识地允许桐桐去跟各种天气和谐共处。

记得有一年冬天带她回老家,很大的雪,白天小家伙疯得像只小猴子,在有雪的地方爬上爬下弄脏了棉衣,晚上兴奋得不要进房间,到了很晚还在黑漆漆的院子里堆雪人,我很是理解那种兴奋,就在一边默默陪伴。

有时候天气很热或者很冷,或者遇到其他"不好"的天气,桐桐要出去玩,家人经常制止她,说些"这么冷的天,出去干什么!""天这么热,好好待在家里!""外面下着呢!淋湿了怎么办?",等等,我尽量用行动支持她,带她出去,同时告诉她,除非有安全风险的天气,大多数天气或气候都有自己的美妙之处。

无论遇到怎么样的天气,努力陪孩子享受安全范围内的美好,是家长可以努力给予孩子的正能量,面对生活的各种变数,也是如此。

爱你的人也会犯错误

陪桐桐看《布鲁姆卡日记》,我们娘俩都很喜欢这本书,都很为里面的医生先生震动,原来只要有爱,孤儿院也可以那么温暖,桐桐为他对待孩子的人性化方式共鸣,妈妈更是惊讶于那个年代的医生先生竟然有着那样现代的科学儿童观,描写医生先生的教养行为里,有这么一句话:

医生先生
允许我们
大喊大叫
乱跑乱跳
他说:
如果禁止孩子们这样做,
就好像是要禁止
心跳那样。

读到这里,想到很多家长都难以接受自己的孩子这样活蹦乱跳,甚至斥其为"多动症",更加为医生先生所感动,桐桐也很感慨,对我说:"可是在我们学校里,孩子就不能乱跑乱跳,抓到三次就要扣一分。"

她说的是真的,对此我也早有所耳闻,其实不止是他们学校,据我了解,上海的很多学校都是这样子的,为了避免安全事故,下课不允许孩子们出去打闹,只让他们在教室里度过课间十分钟。

小家伙在这里提出这个问题的时候,我却有点紧张,担心自己回答得不恰当会影响她对学校的感受,因为爱学校爱老师是孩子爱学习的前提,一旦孩子对学校和老师的敬爱感都不复存在了,学习的积极性肯定会受到影响。对这个话题的理想回应,应让孩子既认识到学校这样做不大妥当,又不影响她对学校的感受才好。想到这里,我就说:"乖乖,你知道吗?就像爸爸、妈妈和你都会犯错误一样,学校也会犯错误,比如刚才你说的这个规定,就不大对,太限制孩子天性了,在不能改变对方错误的时候,我们应该怎么做呢?不要太在意就可以了,该怎么玩,你还是怎么玩,偷偷玩也要玩,只要注意安全,别给老师惹麻烦就可以了。"

桐桐若有所思。

"反过来说呢,其实学校里这样规定,也是为了保护你们的安全,也就是说,这个规定虽然是不对的,但学校这样做,也是出于对你们的爱,是怕你们闯祸,想想看,老师要带那么多学生,课间又不可能看着你们,万一出什么不安全的事情,多可怕!"我继续说。

"是啊,我们礼拜二的时候,经常会出麻烦,有的同学把碗给打碎了,有的同学把汤给撒了,教室里弄得一团糟,食堂里只好少给我们一份饭。"小家伙说。后来讲的这个吃饭的事情,我虽然没听懂,却感觉到了桐桐对于学校的理解。

"嗯,是呢,为了避免更多麻烦,学校为了保护你们,只能有那样的规定了,虽然规定是错的,但出发点是好的。就像妈妈很爱你,也会做对你不好的事情一样,但妈妈即使对你做了错事,心里也是出于对你的爱。"

"嗯,我也是这样呢,有时候我想找什么东西,明明是想找到帮妈妈忙的,可是找啊找,翻箱倒柜,把家里弄得很乱。"桐桐说。

"嗯,好心也会办坏事,爱你的人也会犯错误哦。"我说。

第六章　爱孩子，也是父母的修行

很多时候，甚至绝大多数时候，孩子的问题，其实都是父母的问题，问题源于父母对自己的不接纳，自己内心的恐惧与焦虑，而孩子是上天派来帮我们成长的天使，只要有成长的意识，在坦然面对教养问题的过程中，每个父母都可以经由自我觉察得到成长。

育儿先育己

十年前,女儿桐桐即将出生,我下定决心做个好妈妈,并非常果断地开始努力,先后买了许多关于教养的书籍来看,可以说这几年看的书比本科读幼儿教育专业期间都要多,大量的阅读让我收获了许多先进的教养理念,并掌握了许多育儿的方法技巧,在很大程度上让女儿得到了更健康科学的教养。

然而,尽管女儿成长得不错,教养也算得心应手,我还是会发现自己经常遇到困惑,而且很多困惑不是教养经验和理念类的知识可以解决的,而是我不了解孩子身心发展规律的结果,反思到这一点后,我又开始研读心理学知识,为了逼着自己更深入更自觉地学习,还报考了国家二级心理咨询师,并顺利通过了考试。

心理学的学习过程让我的教养更添了一份从容,孩子的行为习惯也越来越好,每天都是一副快乐成长的样子,然而,此时已经对孩子的心理相对多了一份专业敏感的我,却发现孩子每天的笑容背后,其实还有一分淡淡的无奈。既有的心理学知识告诉我,这份无奈主要源于家庭内部的不和谐,因为我和她爸爸关系很紧张,在包括教养观念等很多方面分歧严重,家庭氛围并不理想。更深层次的原因,则是因为我和她爸爸都没有很好地处理与原生家庭、自我的关系。内心存在太多不合理的期待、焦虑与恐惧,这些负面的内在让我们一方面把夫妻关系搞得很糟,另一方面也在桐桐身上投射了很多不该她承担的东西。比如,我因为成长过程中一直与父亲的关系不好,当初嫁人时就期待找个能像理想父亲一样爱我的老公,而桐桐爸因为恋母情结严重,也期待我像母亲一样爱他,这样的期待放在婚姻里显然是不合适的,以至于两个人经常爆发战争,有时候还搞得家里乌烟瘴气。再比如,我个人因为很难接纳自己包括归位习惯不良在内的很多行为习惯,看到桐桐的相关行为就反应过激;爸爸因为内在的安全感不足,控制欲过强,看到桐桐不听他的话就很粗暴地对待桐桐。可以想象,虽然我们都自认为给了桐桐最真的爱,但长期生活在这种家庭环境中的桐桐,内心会累积多少无奈。

意识到这一点后,我决定进行更深层次的调和和改变,但他爸爸意识不到这一点,拒绝改变。一开始我很失望,担心自己一个人改变还是无力扭转局面,后来参加个人成长工作坊时,导师劝慰说,家庭是一个系统,系统中的一个人改变了,另一个人也会跟着改变的。这个说法让我找到了改变的力量,从此加强了个人成长方面的修行,主动看了一些关于家庭治疗和灵修类的书,如萨提亚的《新家庭如何塑造人》、海灵格《谁在我家——家庭系统排列》、武志红的《为何家会伤人》、李中莹的《爱上双人舞》、张德芬的《遇见未知的自己》《活出全新的自己》等。又参加了一些大大小小的个人成长工作坊,如"身·心·灵"成长工作坊、萨提亚家庭重塑个人成长工作坊、绘画治疗工作坊以及其他的短期工作坊,在这些工作坊里,经由老师的亲身带领和指点,我逐渐学会了如何跟自己的情绪相处、对原生家庭带给我的创伤有了新的认知。整个人都变得平和了许多,与桐桐爸的相处顺畅了许多,家庭氛围当然也正在好转,而且,我惊讶地发现,当我和桐桐爸的关系好转时,我们之间的教养观念分歧也少了许多,自然,桐桐的日子就好过多了。

如今,看着桐桐一天天在好转的家庭氛围里由内而外地健康成长着,我特别感慨正在进行的努力,孩子是上天派来帮我们成长的天使,教养需要家长的修养,教养本身也是最好的修行!

孩子"问题",父母"制造"

很多家长朋友在跟我交流时,都会郁闷地谈到孩子这样那样的问题,仔细审视这些问题却可以发现,这些问题大都是特定性情的孩子的正常表现,或者是特定年龄段的发展性问题,比如,孩子怕生、胆小不敢上台表演、护东西等,是不需要特别焦虑的,然而,很多家长朋友却很难坦然以对,总觉得孩子不正常。每每遇到这种情况,我除了跟他们解释孩子的心理发展规律之外,总是禁不住提醒他们:很多时候,孩子的问题都是父母"制造"的,你光盯着孩子的问题犯愁,却不去反省自己如何"制造"了这些问题,即使能一时把某个问题压下去,也是治标不治本,因为问题的根源在你身上,而不是在孩子身上,不改变自己的内在,孩子的问题是不可能真正消除的。

为什么这么说呢?这是因为:

一、孩子的问题是父母内在焦虑的投射

每一个当了家长的成人,都难免对自己的成长心存这样那样的缺憾,孩子出生后,很容易本能地把对自己的不满投射到孩子身上,这就不难理解,为什么性格内向的家长看到孩子不敢登台表演更容易着急,一个从小就容易受欺负的家长对孩子的忍气吞声更加敏感。因为家长心里总是心存这样那样的焦虑,自然禁不住在所关注的方面对心爱的孩子"明察秋毫",不知不觉就带着问题的眼光去看孩子了。带着问题的眼光看孩子,看到的当然都是问题,因为我们的注意力在问题上,就决定了一些不是问题的行为无意中被选择性过滤了,其实我们关注到的问题行为,只是自己内心焦虑的投射而

已！如果不能觉察内心的这种否定性投射，强大自己内心的力量，那么，教育办法再多，孩子的问题还是会源源不断地往外涌现的！

二、孩子的问题源于家长内心的恐惧

"问题"孩子的背后，往往是一个内心充满恐惧、对这个世界没有安全感的家长，因为对掌控局面缺乏信心，这样的家长往往希望能控制一切，看不得孩子偏离自己意志的地方，结果就很容易发生两种情况：

一种情况是管不住孩子，因为孩子的身心发展自有其规律，他的成长是跟着成熟的节奏来的，而不是跟着父母的期望来的，一旦内心恐惧的家长发现孩子不按自己的要求来，就乱了分寸，觉得孩子要出问题了。

另一种情况是孩子被管得服服帖帖，看似应该合乎家长意愿了，其实却不然，因为孩子是在家长的管束和控制下成长的，长成的只能是父母设计出来的样子，但因为父母本身是有问题的，孩子也不可能绝对完美无缺，总有这样那样的问题出来。

所以，如果家长本身心存恐惧，控制欲强，那么无论孩子怎么成长，总会被家长发现问题的。

三、你关注什么，孩子就拿什么问题来控制你

某日，有个家长跟我交流孩子便秘的问题，谈到孩子近几年都被便秘困扰的现状，非常抓狂，控制不住地担心，问我该怎么办。朋友对这个事件更具体的描述让我想起女儿桐桐便秘的经历，因为桐桐小时候就深受便秘困扰，她的大便一度成为我们全家的心头大患，每次大便我们都要全家出动连哄带骗，平时只要听说吃什么对通便有好处，我们都会拿来尝试，中医西医

都看过，结果却不甚理想，可以说我们越用心，小家伙的大便越糟糕，直到折腾得我们失去了治疗的信心，不得不放弃各种精心安排的医疗食疗，谁知就在我们不再去管这个问题之后，小家伙的便秘竟不知不觉地好了。

结合跟其他家长交流的一些体会，这段经历让我意识到，育儿过程中，家长越是关注什么，孩子就越容易在哪里出问题，因为家长的关注点是孩子控制家长最好的切口！父母在极其关注什么的时候，弱小的孩子也会慢慢发现，原来只要在父母关注的方面稍稍出点问题，就可以让自己变得强大起来，强大到可以跟爸爸妈妈抗衡了，不加利用这点才怪呢！所以，不必奇怪家长越是关注孩子的吃饭问题，孩子的吃饭越成问题，越是关注孩子的成绩，孩子的成绩越容易让人抓狂。

我把这个道理讲给那位家长，那位家长恍然大悟："以前我是弱化，怕给她增加压力，上学后我转为提醒，慢慢地发展为恐吓，因她爱吃，又变成恐吓加诱惑，最近我对这事快扛不住了，常在她说要拉又拉不出来时，向她发火！看来我错了，应回到最初！"

四、过分的关注是一种压力，让孩子因焦虑而失常

有个朋友，因为担心培养不出成功的孩子，从小非常关注孩子的学习，关注到几近严苛的地步，孩子即使考个 99 分，也会被责骂，为了给孩子一个尽量优越的读书环境，从小到大，都是托人让孩子上最好的学校。高压之下，孩子也的确非常争气，直到高中之前，一直是班里的佼佼者，可是上了高中之后，当朋友因为希望孩子出国留学给他换了一个高中的预备班时，压力之下，孩子突然出了问题——严重焦虑，不敢抬头看人，总觉得别人看不起他，总是低着头，神情呆滞，跟他讲话他也没啥反应，因而不得不休学。孩子休学这段时间,爱儿心切的妈妈才意识到问题的严重性,四处求治,在一次治疗过程中,孩子终于说出了自己的心里话:"如果低着头更快乐的话,还是低着头的好。"显然,孩子的躯体化症状就是对学习压力的逃避。

由此可见,很多时候,孩子的"问题",都是父母关注出来的,对这些问题的关注,又源于父母内心的焦虑和恐惧,所以,改变孩子"问题"行为的方法,最根本的不是学习具体的操作办法,而是家长自己的改变,家长自己的内心强大了,才不会在孩子身上投射太多的恐惧,亦无须通过控制孩子来获得掌控局面的安全感,看到的"问题"自然就少了很多。所以,一个明智的父母,应该是一个善于觉察、自省的父母,能够及时觉察到自己内心的恐惧,并想办法疗愈自己,也只有先把自己修养得强大,正能量才会自然溢出,让孩子得到滋养。

不对孩子乱发脾气

> 有过几次,宝宝特别地不听话,怎么说也不行,结果我的耐心有限,对宝宝大发脾气了,事后,我心里也很难过,所以当宝宝特别不听话的时候,宝妈是否该发脾气?如何控制自己的情绪来应对这种情况呢?

这是一个妈妈的来信。孩子不听话的时候,家长是否应该发脾气?案例中妈妈的困惑很可能建立在这样的预设之上:孩子应该听妈妈的话,如果不听话,就是他的不对,妈妈就可以考虑是否发脾气。是否应该这样看待问题呢?

先来看看孩子该不该听家长的话？很多时候，家长期待孩子听话，往往是因为孩子的言行不符合家长的预期，难道不符合家长预期的言行就该矫正吗？显然不是。

首先，很多时候，孩子的言行本身无所谓对错，比如，家长想给孩子买一件红色的衣服，孩子却喜欢买那件黄色的，这个时候，孩子就该听父母的吗？显然不是，衣服是买给孩子穿的，尊重孩子的意愿是更可取的行为。

其次，有时候父母希望孩子听话，并不是真心为了孩子好，而是出于教养的便利来规范孩子的。比如，孩子都喜欢玩水，玩水对他们的心智发展意义巨大，但家长往往因为怕孩子弄湿衣服或地板而禁止孩子玩水，其实这是很违反孩子心理发展规律的做法，孩子不听话也就在所难免了。

再次，即使父母的主张是对的，孩子的言行的确应该朝那个方向矫正，孩子不听话也未必是孩子的错，因为这里面还有个沟通方式是否能被孩子接受的问题，有的父母，虽然站在理上，但跟孩子的沟通方式不够清晰或艺术，致使孩子或者无法理解父母的意思，或者感觉自己没有得到尊重而拒绝服从。有的孩子还很小，很难理解否定句的意思，如果他在做不该做的事情时，比如在拿彩笔在墙上乱画，如果直接给他说"不要往墙上画！"，他很可能就不懂，由于信息加工能力的局限，理解成的很可能是"往墙上画"这个中心词，但如果家长对她说"宝宝，来，画在这张纸上"，可能他就明白了。还有的家长，跟孩子沟通时，语气不够文明，或者采取居高临下的姿态等，即使说出来的话能够被理解，也可能会让孩子逆反。所以，有时候孩子不听话，问题很可能出在沟通方式上，而不是孩子本身不想"听话"。

由上述分析可见，孩子不听话，很多时候都不是孩子的错，当问题出在家长这里时，朝孩子发脾气是很不公平的，如果家长意识不到这一点，动不动因为孩子不听话就朝孩子发脾气，久而久之，孩子便可能会产生这样一种印象：爸爸妈妈喜欢的是"听话"的我，如果我不"听话"，爸爸妈妈就不爱我了。那么，出于生存的考虑，孩子也许会就此成为"听话"的乖孩子，却由此失去表达自己立场的勇气，成为父母意志的影子，不利于他们独立性的发展，甚至会催生一种"奴性"人格。而且，经常因为"不听话"朝孩子发脾气的家长，很容易用表面的服从与否来评价孩子的状态正常与否，而忽视了孩子内心的真实需要，这不利于亲子之间的真正沟通。

即使孩子果真错了，道理在家长这一端，家长是否应该发脾气，最好也要三思：如果孩子属于那种"吃硬不吃软"的类型，那么偶尔发发脾气可能有助于问题的解决，但也要注意不可频繁使用这种相对"暴力"的问题解决方式，否则孩子就变得疲沓了，以后会越来越难以管教。反过来，如果孩子本身就是比较羞怯，不用发脾气也可以解决问题的，就最好不要采取发脾气的办法。因为不论对于何种类型的孩子来说，发脾气都是一种简单粗暴的问题解决方式，是一种负面的问题解决方式示范。

那么，家长想发脾气的时候，应该如何控制自己的情绪呢？除了牢记上述发脾气的负性影响之外，家长不妨建立这样一个习惯，即，想发脾气前，暂停一分钟，问自己四个问题：问题到底出在孩子身上还是我身上？我是基于管教的便利还是孩子的成长想发这次脾气？发了脾气就一定能解决问题吗？有没有其他艺术性的问题解决办法？相信这样的发问会让家长的怒气有个缓冲的机会，减少发脾气的概率。

教养何以应是一场修行

这两天，桐桐因为贪恋看书，睡眠有点不足，再加上爸爸喜欢催她起床，早起后总有点小情绪出来。昨天闹情绪的时候，就不要洗脸，我担心这样蓬头垢面地去上学不雅观，更怕她养成不讲卫生的习惯（对于女孩子来说，清爽整洁是多么重要的事），于是劝她去洗，结果小家伙就是不听，在那里嘟着嘴不开心。妈妈怕上学迟到，就随她去了，但心里还是有点疙瘩：这孩子，怎么就不知道讲卫生呢？

小家伙下楼后，我脑子里一时还在思忖洗脸这件事，思绪不由地回到了小时候。小时候的我，至少上小学的前几年，也是不喜欢洗脸的，忘记了这样排斥洗脸的原因是什么，只记得即使是洗脸很方便的夏天，也总是不愿意洗脸洗手。桐外婆当时整天忙里忙外，也顾不上督促我，我就经常灰头土脸地去上学，有时候小手几天不洗，黑乎乎的，课间玩的时候，小黑爪被别人看见了，也知道不好意思，甚至会说谎自我解嘲：咦？怎么刚洗了手又这么脏了。但说归说，还是不愿意养成洗脸洗手的习惯。

最严重的一次不洗脸记录，是大约三年级的时候，十几天没洗，说不定整个麦忙假都没洗，因为我自己习惯了，也没觉得自己脏，直接顶着花瓜一样的小脸去了学校；结果刚进校门不久，就被一向关心自己的启蒙老师杨老师看见了，非常生气地嗔怪我："脸怎么这么脏？回家洗脸去！"我胆子小，怕老师，被这么一责备，屁滚尿流地回家洗了。

想到自己的这些"不光彩"经历，我不禁对桐桐的行为多了几分理解，也为自己的苛求感到惭愧——自己小时候都做不到的事情，有什么理由要求孩子一定做到呢？偶尔不洗脸，就会养成不卫生的习惯吗？显然不是的。小时候不喜欢洗脸的我，后来却养成了很好的卫生习惯，甚至有点小洁癖，谁说小时候不洗脸就不能成为一个讲卫生的人呢？时间能改变许多东西！

道理如此，为什么我还是分外关注桐桐不洗脸这件事呢？为什么她考得不好，我不会觉得有什么，偶尔一次不洗脸，我就有点反应过激呢？仔细想想，其实还是跟我自己的内心经历有关。我从小读书顺利，最终也取得了学业的成功，在这方面可以说没有什么遗憾，自然不会有这方面的焦虑，洗脸对于我的意义，却不一样，在这方面，除了长大后很为自己小时候不喜欢洗脸感觉遗憾外（总觉得后来脸上长痣长斑跟小时候不爱洗脸有关），还一度在这方面有着很强烈的匮乏感。

初中的时候，我已经基本养成了每天洗刷的卫生习惯，而且那个时候的我，正在经历爱美的青春期，悄悄喜欢一个很帅气的小男生，可是偏偏在这时候，学校里的水资源极其稀缺。那时，所有住校的女生，只能共享一个压水井。每天早晨早操前，被塞在两间教室改造成的宿舍的近200号女生为了能洗到脸，不得不起早排队压水，即使能在早操前能轮到自己压水，由于后面的等待者众，也只能象征性地接一点点，接在一个大碗一样的小盆子里，勉强能没过一双手。可是就这么一点点水，睡在同一张床上的我们四个女孩子还要轮流使用，有时候怕第二天接不上水，这些水洗完还不舍得倒掉，而是放在床底下，以备第二天利用；有时候，还真的需要好几天连续用已经洗得脏兮兮的水。当然，校门口的村支书儿子和儿媳，就在那里卖水，刚压出来的井水（不是需要缴费的自来水），一茶缸就要两毛钱，因为那个时候我每个礼拜的零花钱只有一元不到，除去几毛钱交给食堂用于葱花油盐，所剩无几，一般不舍得买。所以，洗脸难题一直困扰我到初中毕业！

因为这段经历，一个简单的洗脸问题，就成了我生命体验中的一种"匮乏"，让我变得对与之相关的事件异常敏感，以至于桐桐在那么好的条件下拒绝洗脸的时候，我感觉那么不可理解，甚至想去责怪她，虽然最终尊重了她的决定，却让我思绪万千。

养孩子从来不仅仅是一个技术问题，而是两个生命体的相遇。在这个过程中，成人的生命体验比理论层面的认知更容易影响他的教养行为，而且这种影响往往是无意识的、不理性的，因为指引我们教养行为的，往往是我们曾经匮乏、焦虑、未完成的情结——比如，我们归位习惯不好，就往往容易要求孩子做个条理归位的人；我们年轻时高考失利，就容易对孩子读个好大学抱有期待；我们内向，往往就期待孩子落落大方……而这，未必是孩子内在需要的，也未必是他们能够做到的，我们却往往出于对孩子的爱，也为了不让他们在我们曾经"难致"的方面继续"丧失"，就试图按照曾经期待自己成为的完美样子去教养孩子，希望把他们培养成理想中的自己。孩子做不到，我们的反应还会特别激烈，其实所有的根源，都是对自己的不接纳，不接纳自己过往的生命体验，不接纳自己的不完美，试图在孩子身上打造另一个完美的自己。其实，孩子虽然是我们生的，本质上他却是一个独立的个体，有权利拥有属于自己的生命体验与成长轨迹。我们可以陪伴，却没有资格要求他按我们的意志生活。

教养，对于我们来说，其实也是一种修行，一个重遇我们内心的焦虑、恐惧等各种负性体验的过程。有觉性的教养，会让我们更主动地清理那些被负性经验左右的心智模式，在陪孩子成长的过程中完善自己。自以为是的教养，会让我们成为负性经验的牵线木偶，愚弄了孩子，又不免自取其辱。

洗脸事小，教养事大，自身的成长这件事，更是天大地大。

欣赏的力量

参加一个亲子教育培训,课程期间老师让我们做一个游戏——用积木搭建一座城市。一开始,大家听了都有点恐慌,大抵我们这个年龄的家长,小时候都没怎么玩过积木,一下子给布置这么庞大的搭建任务,心里都不是很有底。但既然老师布置了,也得迎难而上,于是我们选了一个男同学做总策划,分工搭建城市的不同构成部分。

好不容易搭完了,负责总策划的男同学把我们各自负责的部分组合了一下,一座城市的搭建任务竟然凑合着完成了,但看"质量",和孩子们的创意之作还是没法比,让人感慨我们成人的想象力竟然退化成了这个样子。

就在这时,老师又提出一个更有挑战性的任务,让我们这些人,连同老师一起,围着我们的"积木城",轮流表达我们对这个作品的欣赏。天,好难的工作,因为乍看上去,"积木城"实在乏善可陈!

然而,老师可不管我们心里怎么想的,二话不说就带头表达了自己的欣赏:"我觉得我们搭建的这座城市,功能很完善,而且交通很发达,你看它的高架和公路,行车条理有序!"

老师说完,就把头转向我身边的男同学,意思是轮到他了,男同学不好推脱,也把自己拼命捕捉到的优点说了出来,接下来,就轮到了我,一直在绞尽脑汁准备的我便说了这么一条优点:"这个城市看起来很有文化气息,你看它的大学,多有气势。"

就这样一条一条轮下去,我以为大家赞赏完一轮,就可以结束了,没想到老师并不叫停,带头赞赏了一轮又一轮,赞赏完三轮才作总结发言。

看到老师终于叫停了赞赏工作，我也松了一口气，再仔细看我们的"积木城"时，却吃惊地发现，原本让我很不以为然的积木工程，再看起来却充满了闪光点，作品还是原来的作品，因为我们刚才用心去发现了它美好的一面，此时的它竟然有点熠熠生辉的感觉；再看我们自己，则个个已经是跃跃欲试、胸有成竹，时刻准备"再来一次"的样子，让人简直不敢相信刚才开始搭建之前，还一个个缩头缩脑，一个看似不经意的欣赏环节，竟然带来这么多奇妙的变化！

这个课程环节给我的触动很大。在教养过程中，我们看待孩子和他的行为、作品、所思所想时，如果也能有这样一双善于发现的眼睛，所看到的东西又将会多么不同呢？如果我们也能让孩子看到这些很棒的东西，则孩子又可以接受多少积极的信息呢？长期生活在这些积极信息的浸润之下，何愁他不会自尊、自信？他又怎会没有进一步尝试的积极性？

突然想发动一个面向家长的"倡议"：在孩子完成一件作品、做了一件事或提出一个新想法之后，如果时间允许，不妨专门设置一个欣赏环节，和孩子一起去发现，那件作品、那件事、那个想法，甚至它们产生的过程，有什么进步、独特或其他值得称道的地方，让孩子知道自己有多棒，因为对孩子自尊、自信的培养以及做事、思考积极性的培养起主要作用的，并不是系统设计的教育，而是孩子每天在日常生活细节中得到的滋养。

摆平内心的恐惧

应该说，在教养女儿的过程中，我一直很注意密切跟她的亲子关系，绝大部分时间都相处得十分融洽，亲子冲突相对来说比较少，但也有一次比较大的冲突,让我至今都印象深刻。

女儿6岁多开始学琴。当初,为了激励她的学习积极性,同时也为了补偿自己在这方面的才艺缺憾,我采取了与她同步学习的办法,她弹什么,我弹什么。因为有妈妈这样一个大伙伴陪练,小家伙也很高兴,起初的很长一段时间里,她都能坚持每天的弹琴计划,甚至比我做得还要好,有时候我自己忙起来,都懒得再去弹,她却一如既往。这种情景,甚至让我生出一种幻想:不是说孩子学琴都要伴随泪水和家长的责骂吗?桐桐或许是个例外呢。

然而,弹了一段时间后,大约是越来越难学的原因,小家伙的积极性一点点松懈下来,弹琴时不是那么自觉主动了,甚至喜欢上讨价还价,让她弹五遍,就跟我商量着弹三遍可不可以;让她当时弹,就商量着先玩会儿其他的再弹行不行。如此几天后,我开始想发作,但想到坚持下去原本是不那么容易的事情,连我自己也做不到天天怀有那么饱满的热情,就没好意思去批评她。

可是有一天,小家伙再因为弹琴跟我讨价还价的时候,我突然情绪失控,大声朝她吼叫起来:"让你弹就弹,没那么多可以不可以!"桐桐显然被我的气势吓着了,愣了一下,低下了头,不再看我,却没有因此坐到琴旁开始弹琴。看到发了这么大的火还没有效果,我更火了,把她往琴旁一推,试图迫她就范,却没想到再度做了无用功——小家伙不仅没有因此退让,拗劲反而被我激了上来,在原地站得更牢了,眼泪在眼眶里打转,却强忍着,一副不屈的姿态。

第一次遇到这么挫败的教育情境,我一下子变成了完全陌生的样子,想也没想,就一巴掌朝她的肩膀拍了上去,小家伙"哇"的一声哭了出来,与此同时，我的理性也被她的哭声拉回了现实，方才意识到自己的过激行为：我这是怎么了？为什么会有这么大的怒气出来？难道她不弹琴，就该这样被粗暴地对待么？一连串的疑问开始冲击着我的思想，让我无心再继续纠结在这件事里，却由此反思了许多。

我先问自己的第一个问题是：面对孩子不弹琴这件事，是不是所有的家长都会反应如此强烈？显然不是的，那么，为什么其他家长可以不动怒我却如此激动呢？显然我自己内心对弹琴这件事有点敏感，受不了在这方面的挫败感，那么，是什么造成了我这方面的脆弱心理呢？溯本求源，在跟音乐有关的事情上，我一下子搜索出许多被压抑的负性情绪体验。

我是一个没多少音乐天赋的妈妈，再加上小时候家境不好，一直没有机会在这方面接受过什么教育指点，长大后有机会学习了，却没主动拜师学艺，以至于在音乐领域一无所长，这让我愈加羡慕嫉妒周围那些能歌善舞的人。每次同学朋友或单位聚会，看到大家在大庭广众之下自如地弹唱，我就有一种莫名的自卑，觉得自己比别人笨，还总会担心因此受到嘲笑，但自尊使然，又不愿意承认自己的这个弱点，逢有娱乐项目的聚会，不是找借口躲开，就是佯装不屑地说不喜欢，拒绝入场——其实，内心深处，我是那么渴望那种能歌善舞、吹拉弹唱的感觉。

因了对音乐的这种复杂情结，桐桐出生以后，我一直暗暗希望她会是一个在音乐方面有所发展的孩子，以便在各种聚会中不会因此蒙受各种挫败。但考虑到她是一个独立的个体，在她表现出对弹琴的兴趣之前，我也不好强制她去学，后来她能主动提出学琴，其实我内心是窃喜万分的，还因此幻想着以后她能就此摆脱伴随我的那种自卑感。然而，期望越大，一旦受挫，失望也就越大了，以至于当她罢工不想弹琴时，我内心关于音乐的各种自卑、对自己小时候未曾有机会学习音乐的遗憾、长大后未去主动尝试的后悔、现在有机会跟小家伙一起学却未能持之以恒的愧疚等各种负性情绪体验就一下子被勾了上来，使得小家伙拒绝弹琴这件事忽然变得特别严重，大光起火也就在所难免了……

意识到自己动怒背后这些复杂的心理体验之后，我才发现自己的发火，看起来是为了桐桐好，实际上对她来说却是极不公平的——我把关于弹琴的太多期待赋予了她，而这，未必是她想要的，或许学琴对她来说只是一种消遣，我却把它变成了一种任务，不允许她有不想弹这个例外，其实这是一件多么"自我"的想法！我把自己关于弹琴的"未完成情结"投射在她身上，又把她牵进我关于音乐的情绪体验里，真是不应该！

想到这里，我忽然觉得应该对桐桐说声对不起，就蹲下来，郑重地对她说："宝贝，对不起，刚才妈妈反应有点过激了，如果你现在不想弹，咱们就别勉强了，要不先去小秀阿姨家玩？"原本还在委屈地抽抽搭搭的桐桐，听到我的话，情绪也慢慢舒缓开来。

自这次冲突之后，我再也没这样逼过桐桐弹琴，出乎意料的是，没有了什么压力的桐桐，反而更加喜欢弹琴消遣了。

弹琴的事情虽然顺利解决了，给我的触动却很大，它让我进一步意识到，作为母亲，如果我们心存太多焦虑与恐惧，是多么容易投射在孩子身上，进而干扰他们的成长自主权。要让孩子做最好的自己，母亲首先应该打理好自我的成长，接纳真实的自己，才不会在孩子身上延续各种不合理的期待。从此以后，我有意识地参加了一些关于自我成长的工作坊，内心的各种负性生命体验正在渐渐清除，自然，对桐桐自主成长的羁绊也小了许多！

做内心强大的父母

最近接到一个朋友一连串的语音留言,她深感困惑地让我给她一个如何处理孩子问题的建议:

> 昨天她带宝贝女儿璐璐从幼儿园回家,正好看到同班的两个小朋友在玩,璐璐也想加入他们,就让妈妈带她一起过去。不料到了两个小朋友身边,璐璐提出希望一起玩的要求后,被那两个小朋友很不客气地拒绝:"我们不跟你玩。"
>
> 出乎意料地被拒,让朋友觉得很尴尬,不知道该如何安慰被拒的女儿,因为她本身曾经有过这样被拒的经历,知道那是一种特别难受的感觉。特别担心女儿璐璐因此受伤,从昨天到今天,她想了很多办法,都不知道该如何面对这件事,不知道该如何消除可能带给女儿的阴影……

朋友问我该怎么办。我给了她这样的回复:

> 小田,你好,谢谢你的信任。被拒的感觉是很难受的,可是我听了你的微信留言,发现在孩子被拒这件事上,你通篇讲的都是自己的感受,孩子当时是什么反应,我听了半天都没有找到蛛丝马迹。
>
> 给我的感觉是,你个人对这件事充满焦虑的感受,甚至有点反应过激。可是你知道吗?在孩子眼里,这件事本身并不一定像你

想象的那么可怕，因为你自己特别害怕被拒的感觉，就觉得被拒这件事很可怕，于是就无意中把这种恐惧投射到了孩子身上，认为孩子也会像你一样伤心难过，这是可以理解的。但不要忘记一个事实：孩子最初经历某个事件的时候，她对于这件事的性质判断，是以周围成人的反应为参照的，如果你对这件事反应过激，认为它很严重，那么孩子就会从你传达出来的感觉里，嗅出一种可怕的东西，进而也认为自己遇到了非常严重的事情，甚至认为自己受了很大委屈，进而对这种事情产生排斥、恐惧的反应。

反过来，如果你本身不恐惧这件事，只是把它作为孩子成长过程中非常容易遇到的小事来对待，不反应过激，甚至很潇洒地直接带孩子继续去做别的事情，也不老在那里纠结什么，那么孩子的情绪体验也就可能是另外一种样子了——哦，原来被拒也是非常正常的小事，没什么大不了的。她不跟我玩，我去找别人玩就是了。这样的话，你想让孩子产生什么心理阴影都难！以后孩子遇到类似被拒的事情，也会非常释然。不会怀疑自己的价值，也不会怨恨对方的选择，因为对她来说这一切都只是生活中的小事件而已——如果孩子能获得这样一种心态，今后的生活中还有什么类似的挫折不可承受的呢？

看出来没有？孩子强大的内心和良好的抗挫力有时候只是源于非常简单的教养细节，那就是她的妈妈面对宝贝遭遇的挫折时，心态平静，没有把恐惧的情绪传达给孩子，则孩子对于成长路上的各种挫折，就是以妈妈平静的情绪为参照的——有什么大不了的呀！反之，当我们内心充满恐惧的时候，是很难带出内心强大的孩子的，因为我们会不由自主地去投射，去扩大问题的严重性，去恶化事情的性质，进而让孩子接受到让人恐惧的暗示。

啰嗦了这么多，我想说的是，当我们为孩子的某个遭遇纠结的时候，不妨先问问自己：到底是孩子承受不了那个结果，还是我们自己无法承受那个结果？我想，当这样反观自己的时候，很多时候我们都会发现心存特定的恐惧。因为这些恐惧的存在，我们扩大了事态，并体验着一种深深的无力感，认为孩子受了很大伤，而自己没有办法处理孩子的创伤。然而，归根结底，我们只是自己不够强大而已。

所以，如果我们不希望孩子有太多创伤，不会被各种挫折击倒，那么我们自己首先要强大起来，驱除内心的恐惧，或者觉察到自己的恐惧，并注意不把这些恐惧投射出去，那么，孩子接受到的消极暗示，可能就会少了很多，成长的问题，自然也就少了许多。舍此，方法和技术再多，也难以培养真正强大的孩子！

正确面对内心的控制欲

前段时间读了两本书，一本书是美国心理学家写的心理专著，叫《母爱的羁绊》，一本是一个美籍华人写的小说，叫《无声告白》，非常巧合的是，两本书用不同的方式呈现了同一种母亲带给孩子的危害，那就是控制欲过强的母亲是如何摧毁孩子生活的。至今想起来两本书里讲的东西，都有点胆战心惊，因为里面讲到的父母，在现实中包括我个人在内的太多家长身上都可以看到影子，只是程度有所不同。有时候我们也觉察不到自己的控制欲，实际上，太多的时候，我们都在想办法让孩子按照自己的意愿生活，只是让孩子就范的方式，有的简单粗暴，有的温情脉脉，但本质上，都是在控制，相应地，带给孩子的伤害也不可忽视。下面就谈谈这个话题。

一、控制欲太强给孩子造成危害

控制欲太强的家长具体可能带给孩子什么伤害呢？直接或者最容易想象的，应该就是剥夺了孩子成为他自己的自由——因为控制孩子实际上是在按照自己的期待塑造孩子，而孩子本身是独立于我们自身的存在，自有属于他自己的各种潜能和偏好，但控制欲太强的家长看不到孩子成长方向的其他可能，生生把他导向了自己设计好的轨迹，但这条轨迹未必适合孩子，也未必是孩子想要的；如果孩子不得不接受家长的这种控制，就意味着他难以成为自己想要的样子，这对于一个孩子的成长来说，是非常痛苦的。在这种情况下，孩子通常会有几种选择：

一种是为了讨好家长，非常努力地按照家长期待的方向努力，成为家长眼里的好孩子、乖孩子，但他却由此压抑了自己的真实需求，过的是并不快乐的生活。

一种是为了争取自己的权利，跟家长对着干，恶化亲子关系，致使孩子难以体会到亲情的温暖，出现情感需求方面的匮乏。

一种是既不认同家长的安排，又不敢公开对抗，于是就用消极抵抗的形式，自我毁灭，故意做出不能胜任家长期待的行为，让家长失望，以此报复家长的控制。如果孩子今后的成长道路上没有遇到能让他愿意放弃这种报复的"重要他人"，那么，孩子今后的成长结果是非常令人担心的。

不难发现,上述结果中,无论是哪种结果,都不会是一种双赢的选择。家长自以为自己的控制能把孩子导向更好的发展方向,其实带给孩子的都是内在的痛苦,这种痛苦还很容易随着孩子的成长被作为负性经验放大,给成年生活带来更多消极的影响。

二、父母缘何控制欲过强?

既然控制欲过强对于孩子的成长来说危害多多,为什么还会有家长忍不住去控制孩子呢?说到底,还是家长自身的成长尚不到位。因为这样的父母,可能存在三个不成熟的地方:

其一,儿童观和教养观存在误区,意识不到孩子是独立于自己的个体,看不到孩子生命自有的发展潜能,以为教养就是按照自己期待的模式去塑造孩子。

其二,由于心理学知识的局限,对控制欲带给孩子的伤害尚无充分的认知,不知道自己这样做不对。

其三,缺乏自我觉察的意识和能力,或者过于自恋,太自以为是,不认为自己会做出什么不妥的行为,不愿意去反思,看不到自己控制欲强的一面。

由此可见,父母强烈的控制欲背后,往往是尚未完成的自我成长,除非家长认识到这一点,否则很难意识到应该给孩子松绑。

三、告别过强的控制欲

那么,对于控制欲过强的家长来说,如何才能缓解自身的控制欲呢?

一方面,前面提到的几个方面的自我成长非常重要,自己的观念端正了,知识准备到位了,有自我觉察意识了,家长才能主动地检点自己的行为,有则改之无则加勉。强烈建议各位家长读读开头提到的那两本书,相信会从中得到更多警示。

另一方面,为了避免无意中的控制伤害了孩子,家长最好养成经常和孩子沟通的习惯,认真倾听孩子对于家长教养方式的期待和反馈,尽量给孩子真正想要而非家长认为好的东西。比如,经常问问孩子:"如果理想的妈妈是 100 分,你能给妈妈打几分呢?"如果孩子没有给自己满分,就问问孩子妈妈还有什么需要改进的地方,这种民主沟通的过程,其实也是减少控制的过程。

说到底,由于道德地位的优势,控制欲是每个家长都难免不同程度地存在的倾向,即使自己身上有也不必焦虑,只要愿意去觉察,去成长,去倾听孩子的需求,告别控制欲,解放孩子并不是一件很难的事情。

附一： 桐桐妈育儿观

1. 自然育儿，随机施教，在"粗养·细教·大爱"中捕捉教养的快乐。

2. 尊重孩子的发展权，给他在"问题"中成长的机会，坦然陪孩子经历"成长痛"。

3. 没有两片完全相同的树叶，每个孩子的成长都蕴含着无数可能，成功的教养就是力助孩子把他的可能变成现实。

4. 不让自己的无知浪费孩子的潜能，但不刻意培养"天才"，让孩子成为他自己，比让孩子成为天才更难！

5. 孩子不是等待我们规范的"小大人"，不是光宗耀祖的资本，不是延续未竟期待的工具，而是有着独特生命体验的个体，他们有权利成为他们自己。

6. 教养没有程序化的方案，不作茧自缚，不杞人忧天，适合自己就是最好的，育儿应是一个轻松的旅程。

7. 早教不是万能的，理论也不是万灵药，但没有早教和理论是万万不能的！

8. 宁可欠孩子一打证书，也不剥夺他应有的生命体验！

9. 没有养不好的孩子，只有不称职的父母，育儿是一门艺术，需要终身修炼的过程！

10. 明智的父母善于把自己"清零"，不预设教养蓝图，而是想办法跟上孩子成长的脚步！

附二：说说我的"育儿经"

因为顶了一个"教育学博士"的光环，我常常被年轻妈妈误以为是游刃有余的育儿高手，实际上这是一种误解。在与孩子每一天的相处中，其实我都心怀敬畏、如履薄冰，自然界的力量是何其伟大，它让一个生命从无到有，而且赋予他们那么丰富的精神内涵……我常常想，如果我们因为教养的失当异化了孩子本性所指的方向，那真是一种罪恶。

在宝贝桐桐出生之后，为了更好地协助她成长，初为人母的我便在神圣的使命感之下，开始了不敢懈怠的教养之旅：尽可能地做着各种知识准备，细心捕捉着她每天的发展变化，忠实地记录着她的成长轨迹，不间断地总结着各种经验教训……几年下来，所做的育儿博客，竟然积累了几百万字的博文，因了一定的专业基础，在这个分享的过程中，我也有了更多跟其他年轻家长交流的机会，感慨颇多。

下面我就基于自己的教养经验以及耳闻目睹的当前早期教养中的一些容易困惑年轻家长的误区，分享几点心得：

一、自己的孩子自己带，这是良好教养的基础

时下，随着早教日益受到重视，越来越多的家长开始重视孩子的智力投资，甚至达到了不惜成本的程度；相对而言，良好的亲子关系则没有得到应有的关注，把孩子的生活部分或完全交给祖辈打理的现象十分普遍，有的

家长，甚至在孩子生下来之后，就没有带孩子睡过觉，甚至没哺过乳，每每看到这种现象，我都觉得十分遗憾。因为从心理学角度讲，良好的亲子关系对于一个孩子的成长来说太重要了，它是孩子建立对这个世界的安全感的基础，也是孩子的心智情感顺利向前发展的保障，否则，很难想象，一个无法与至亲的父母建立良好关系的孩子，他的成长能够快乐无阻。就父母的教养行为本身而言，亲子关系也是那么不可或缺，因为孩子最听话的、最亲的，永远都是他认为最爱他的那个人、带他睡觉的那个人，这在三岁之后，血缘关系在亲子关系中的重要性不那么明显的时候，影响将更为深远。

  我带桐桐在附近公园玩的时候，经常看到一个年轻保姆带着一个孩子玩，偶然一次聊天，才知道孩子的妈妈虽然是全职太太，但因为贪恋自由的生活，孩子生下来就完全交给了保姆，吃住都是保姆负责的，妈妈只会给孩子买些玩具和早教服务，结果，孩子跟保姆的关系就一直比较好，而孩子跟他的妈妈关系如何呢？有一次，保姆带他玩打电话的游戏，让他给老师打电话，给爷爷打电话，这个孩子都能还算流畅地扮演自己的角色，轮到给妈妈打电话的时候，这个孩子竟然语塞了，不知道该跟妈妈说些什么……看到这个情景，我感到非常难过，为这个孩子，也为孩子的妈妈。

  因为深知良好亲子关系的重要性，桐桐出生之后，我就一直坚持自己带孩子，即使在需要同时兼顾读博、工作、家务和孩子的时候，也不曾动摇过这一信念，还克服很多困难，给了孩子 19 个月的母乳喂养，这些心力的投入让我付出了很多代价，但看到桐桐日益由一个高度敏感的孩子成长为颇具安全感、阳光开朗的孩子，我觉得所有的付出都是值得的。

二、尊重孩子独特的先天神经类型,让孩子有机会做他自己

孩子生而具有不同的神经类型,这就是心理学术语中的"气质",托马斯、切斯把婴儿的气质类型分为三种,分别是容易型、困难型和迟缓型。其中,"容易型"的孩子易于适应环境,生活习惯规律,情绪愉快,喜欢探索,善于交往,容易获得周围人的关怀和喜爱,但这种类型的孩子,大约只占到40%的比例。"困难型"的孩子跟容易型的孩子基本相反,难以适应环境,生活无节律,负性情绪多,对新异刺激反应消极,不那么容易讨人喜欢,这种类型的孩子,大约占10%左右。"迟缓型"的孩子属于典型的"慢半拍"的那种,适应环境慢、思维和行动也比较慢,大约占新生儿的15%左右。其余35%属于混合型的孩子。

由此可见,孩子的很多行为和反应模式,是受制于先天的遗传基础的,无论是活泼开朗还是安静文弱,都跟父母的遗传基因有着很大关系,而且,气质类型并没有绝对的好坏之分,而是各有利弊,跟后天的成就也没有必然的因果关系,所以,明智的父母,会尊重孩子的这种个体差异,因势利导,扬长补短,而不是这山望着那山高,按照自己期待的方向打造孩子。

很多跟我交流的家长看到桐桐的发展还不错,都以为桐桐生来就是那种很容易教养的孩子,其实不然。应该说,桐桐诞生之初,应该是那种"困难"和"迟缓"混合的类型,生活没规律、胆小、羞怯、对环境的适应比较慢。我深知,这样的孩子虽不是我最期待的那种,但她有她的优点,比如,更容易专注、谨慎,虽然敏感于环境,但也更敏感于他人的需求,等等。只要给她充分的关爱,不给她太多的压力,善于发现她的闪光点,多给她赏识教育,她一定可以成为最好的自己。按照这样的教养思路,我一直小心翼翼地呵护着她敏感的自尊,尊重她的发展节奏,从不拿她来跟那些开朗外向的孩子攀

比，带她出去，即使她因为进入状态较慢而暂时难以融入所处的环境，我也不曾给她什么压力。记得在桐桐刚入园半年左右的时间里，幼儿园里开公开课，其他小朋友表现都挺好的，就是桐桐，怯场厉害，去了就哭，哭得鼻涕泡都出来了，也不配合老师上课，真让人尴尬啊。但我知道这个时候逼她、训她都是没用的，只会给她更大的压力。于是我什么也不说，就当什么都没发生一样，厚着脸皮在那里陪她，给她适应的时间；果然，上课一段时间后，小家伙慢慢找到了状态，主动走到小朋友中间游戏了。带她在外面玩也一样，她害怕玩滑梯的时候小朋友太多，我就陪着她先在外场看，直到她自己找到感觉去尝试。很奇怪，虽然从来没有逼桐桐去融入什么场合，一天又一天，桐桐自己却正在变得主动、大方多了，后来再去听她的公开课，或者去幼儿园玩滑梯的时候，小家伙都表现得自然而活跃！

三、细心捕捉孩子心理发展的敏感期，跟着孩子的感觉走

孩子的心智技能发展，不是一个匀速前进的过程，而是有着快慢不一的发展节律的，总会在某个特定时期，孩子容易对周围的某种环境刺激呈现出特别敏感的反应，这个时期，就是蒙台梭利所谓的"敏感期"，如口手敏感期、书写敏感期、秩序敏感期、动作敏感期，等等。

在教养孩子的过程中，如果我们能敏锐地捕捉到孩子的一个个敏感期，并给他们提供尽可能多的支持，让孩子自然地展开他的天赋敏感，则孩子在某些领域的发展，就容易事半功倍，水到渠成。反之，如果我们进行了不当的干涉，孩子某种心智技能的发展，轻则容易事倍功半，重则可能错失发展良机，甚至出现滞后的行为反应。

比如，整个童年期的孩子，对水都会有一种特殊情结，他们喜欢玩水，看见水就拉不动腿,即使挨了批评也本性难改,是谓"玩水的敏感期"。为什么会出现这种情形呢?"蒙台梭利"教育专家孙瑞雪老师曾作过如下解释:"我们还没有出生的时候就被包裹在母体的羊水里,人类似乎和水有着不解之缘,人类要生存就离不开水,对水的亲近感似乎与生俱来。玩水也成为孩子们的一大喜好。水能够流动,无色无味,可以是气体,可以是液体,也可以变成固体,有形又无形的捉摸不透的东西,对孩子们充满了诱惑……因此,水跟沙所具有的巨大的空间感和流动感,给孩子们创造了巨大的想象空间,成为孩子们最天然的玩具。"从这个意义上说,当孩子痴迷玩水的时候,他只是在自然地展现着作为孩子的本性,并在这个过程中体验着属于他的快乐;不仅如此,在这个玩耍的过程中,孩子还发展着自己的触觉,而一个触觉发展良好的孩子,不容易黏人、怕生、罕有攻击性,适应性强。

但有的家长不了解孩子的这个特点,也意识不到玩水对于孩子心理发展的意义,看到孩子玩水就头大,甚至因为嫌洗衣服麻烦,就剥夺孩子玩水的机会,这种处理方式,其实很容易让孩子的早期发展受到一定影响,他们的快乐,也少了很多来源。

处在玩水敏感期的桐桐,就分外喜欢玩水,基于对她天性的尊重,我就经常给她提供各种玩水的机会,在家里尽量放开让她玩,出去也十分配合她的玩水热情:领着她用石子在水面上打几个水漂;丢个石子在水里,让石子溅出一声"咕咚";找个小树枝,陪她一起"钓鱼"……虽然有时候会弄得身上一塌糊涂,我却欣慰在心里,每多一次这样的机会,孩子会多几分快乐啊,我不知道桐桐在这个过程中发展了什么具体的心智技能,也懒得去进行功利的计算,我更在乎的,是整个过程中她那满足的表情,我相信,这是她天性的一部分,我没有权力剥夺。

四、在无法确切读懂孩子的情况下，让共情为我们作出恰当反应

虽然说"知子莫若母"，孩子和我们，毕竟是完全不同的两辈人，他们的所思所想，我们应该用心体会，然而，有时候，即使我们自认为作了充分的努力，还是不免有读不懂孩子的地方，这不是我们的失败，而是育儿的常态。我们不必耿耿于怀，更何况，即使读不懂孩子的心，只要善于共情，我们同样可以作出恰当的反应。

记得桐桐大约两岁多的时候，她非常喜欢某套绘本，几乎每天都拉着我陪她看，但看到绘本中的某个页面的时候，她又会非常抵制，催着我快点翻过去，甚至连听我讲那一页都不要。我非常纳闷她为什么这么做，因为那个页面既不可怕也不怪异，观察她的表情，也看不到恐惧等消极的反应；不过，尽管想不通，我还是很能体验到她不喜欢那一页的感受，也就尊重了她的意见，每次都自觉地把那页闪过去，桐桐也很开心我这样做。好玩的是，过了一段时间之后，再拿出那套绘本的时候，桐桐就不抵制那个页面了，至今我也不知道为什么会有这种转变，但我很欣慰当初作了尊重桐桐的反应。

一句话，孩子的大脑对我们来说基本就是一个"黑箱"，我们往往很难确切地知道孩子为什么会有这样那样的行为，但我们可以掌控的是自己的反应，那就是尽可能地尊重孩子那些莫名其妙的选择，不强迫他去面对我们所期待的东西。成人觉得习以为常的东西，在孩子眼里可能非常难以接受，我们应该给他调节自己的时间。其实，只要让孩子知道我们能够理解他的感受，则孩子就会多一份面对的勇气，因为他知道，妈妈是跟他在一起的，会随时基于他的感受呵护他的成长。

附三: 写给女儿的人生忠告

亲爱的宝贝,虽然妈妈十月怀胎生下了你,但呱呱坠地的那一刻,你就不再属于妈妈,而是属于你自己。你的生命,从此要靠你自己去珍惜、去完善,妈妈可以呵护你、支持你、帮助你,但永远不能替代你对自己生命的责任,妈妈希望你做个不辜负生命、懂得为自己的生命负责的人,懂吗?

亲爱的宝贝,无论你今后境遇如何,妈妈都希望你记住,这个世界上,只有一个你,为了不辜负你独一无二的生命,一定要珍视自己的存在,努力活出自己的精彩。但又不要太把自己当回事,除了爸爸妈妈和真正爱你的人外,没人会那么关心你的一举一动,只要对他人没妨碍,对自己没危险,想穿的衣服就大胆穿,想做的事情就大胆去做吧!

亲爱的宝贝,知道吗? 生命的本质是爱,不是活着,有爱的生命才丰富、饱满,有能力、余力的时候,妈妈希望你用心去爱周围的人,但不要期待他人同样爱你,更不要指望所有的人都会爱你,包括你曾经施爱的人。别人爱你时,要心存感激;没人爱你时,你要加倍爱自己,因为生命不能没有爱,爱自己,是我们对自己最基本的责任。

亲爱的宝贝,走向社会后你会慢慢发现,这世界并不总像妈妈的臂弯那么温暖,总会有很多不以你的意志为转移的无奈,不要吃惊,更不要跟它过不去,世界不是为你存在的,你需要做的是适应甚至改变它,而不是抱怨,抱怨并不能让它变得更好,你的生活却可能因此充满负能量。那样很傻,不对吗？

亲爱的宝贝，你经常对妈妈说，长大了什么都想做：老师、作家、画家……妈妈很欣慰你会有这么多梦想，无论你做什么，妈妈都愿意提供力所能及的支持。可是你知道吗？对妈妈来说，你做什么，其实并不重要，妈妈更看重的，是你能不能成为最快乐、最真实、最好的自己，除此之外，都是小事。

亲爱的宝贝，长大后或许你足够幸运，遇上一个爱你、宠你、愿意为你花钱甚至给你提供经济支撑的男人，在珍惜对方付出的同时，你千万不要放弃经济的独立和思想、感情的独立，太多的依附会让对方疲惫，当主动的承担变成被动的义务，你会发现没有人会一成不变。这世间除了父母，少有无条件的爱。

亲爱的宝贝，很多次你跟妈妈重复别人教你的话，说做事漂亮才是真正的漂亮，打扮得漂亮不漂亮并不重要，妈妈非常认同你接受的这个观点。努力修炼一颗美丽的心灵、想办法活得漂亮的确非常重要，比美丽的外表重要得多，但这并不是说，外表并不重要。长得漂亮与否不是我们所能选择的，但我们要学会对自己的外表负责，在力所能及的基础上，尽量把自己装扮得舒服，这是对别人的尊重，也是对自己的爱。

亲爱的宝贝，一定要多读书，即使读书无法改变你的命运，也不要放弃阅读，读书可以丰富你的内蕴，会让你由内而外透出一种优雅的气质，这种气质，比漂亮的容貌更有价值。但不要做书呆子，精力和经济条件允许的时候，要多出去走走，到时候你会发现，行万里路和读万卷书一样重要，甚至更重要！

亲爱的宝贝，一个人，特别是一个女人应该会做的事情，一定要努力学会，如果你有足够的福气，以后可以不做，但不可以不会，这是嫁人后获得婆家尊重的资本，父母不可能跟你一辈子，生活也总是充满变数，做事的能力将是你处变不惊的资本。

亲爱的宝贝，我们这一辈子，值得珍惜和追求的东西有很多：亲情、友情、爱情、声誉、成就……但一定要明白，享受这一切的前提，是我们有一个健康的身体，如果把这些美好的东西看成一个大厦，健康就是不可或缺的根基，一定要善待自己的身体，健康是不可逆的，任何时候，都不要为了身外之物透支自己的健康，那样就等于自毁美好大厦的根基！

附四：陪你这样成长

我们一起成长
——写给女儿桐桐

亲爱的宝贝，看到很多妈妈都为孩子制订了精彩的育儿计划，其实妈妈一直觉得很抱歉，因为对于你的教育，妈妈至今都没有周密的设计，不是不想，不是太懒，而是妈妈一直觉得没有资格教你什么，生命的内涵是如此奥妙，成长的规律是如此强大，以至于妈妈觉得自己需要做的，只不过是在力所能及的范围内，陪你向着天性指引的方向成长。即使这样，聪明、善于领悟的你每天已经带给妈妈那么多惊喜，让妈妈骄傲而满足。真的，如果说妈妈还有什么期待的话，妈妈只能说，妈妈想陪你长成这样的人：

一、一个健康的人

亲爱的宝宝，长大后你会日渐明白，一个人的健康，对于小到家庭的幸福，大到事业的成功是多么重要。它是我们成事立业的根基，没有了它，我们的生活质量和生命价值都将大打折扣。所以妈妈一直很重视这一点，这也是妈妈对你最大的期待。为了让你成为这样的人，妈妈今后会尽可能多地陪你运动,给你搭配每天的营养,更加勤奋地自修医学护理知识,以最大限度地保护你的健康;同时妈妈也希望,你会在妈妈的影响下,在自己的亲身体验中,成为一个注重保健的人。

二、一个有用的人

亲爱的宝宝,作为人的我们是群居的高级动物,生活在一个靠你我的力量来维系的集体中,为了在每个集体里——小到两人世界,大到整个社会——有尊严地活着,我们一定要做一个对他人有用的人,这样,我们的生活才会有价值,才会让他人感到快乐,妈妈希望你成为这样一个人。为此,妈妈一定要示范你养成好的品德、习惯和性格,这样,不管今后你从事什么行业的工作,和哪些人相处,妈妈都可以相信你会在为他人和集体作贡献的过程中找到快乐。

三、一个宽容的人

亲爱的宝宝,生命是短暂的,也是珍贵的,为了不辜负生命,我们一定要快乐地活着。这需要我们具备宽容的心胸,如果一个人的心里能装得下大海,就不会为失去一滴水而耿耿于怀。所以,让我们宽容地对待生活的磨难和他人的刁难吧,"笑看庭前花开花落,漫随天外云卷云舒",不计得失,宠辱不惊,淡定从容。妈妈知道自己这一点做得很不够,但为了更好地督促你成长,妈妈会和你一起朝着这个目标修炼,也许这是一个需要终身努力的过程,我们都不要放弃,好不好?

四、一个智慧的人

有的人,读了很多书,明白很多知识,但始终难以很好地驾驭生活和事业。妈妈不希望你做一个这样的"两脚书橱",如果你认同这一点,妈妈会陪你一起把自己修炼成有智慧的人——这需要我们不仅善于读书,而且善于思考;不仅善于从书本中习得知识,而且善于从生活中学习;不仅善于吸收,而且善于扬弃甚至创造。为此,妈妈不仅会陪你读万卷书行万里路,而且会同你一起思考、交流、争论和反思,希望在这个过程中,我们每天都会有所收获。

五、一个善助的人

亲爱的宝宝,知识可以产生力量,能力可以成就事业,但如果我们不去帮助他人,这些东西即使拥有再多,也不会让你体验到被需要的幸福和快乐。所以,如果我们不想被孤立、被遗忘,不想让我们的知识和能力白白浪费在自己心里,就让我们尽己所能去帮助需要帮助的人吧!在这个过程中,我们将会因为温暖他人而欣慰无比。

六、一个懂得感恩的人

亲爱的宝宝,尽管我们付出的时候不应该计较回报,但我们获得的时候,却应该懂得感恩:感谢大自然给我们阳光、空气和水;感谢父母给我们宝贵的生命;感谢朋友让我们告别孤独;感谢工作让我们有了谋生的手段;感谢异见者让我们换个视角去思考……

感恩会让我们变得博大,因为我们会由此明白一个人的能量是多么渺小;感恩会让我们变得温暖,因为它让我们明白多少爱成全了我们目前的状态;感恩会让我们变得高尚,因为一个心怀感激的人不会轻易去伤害别人;感恩会让我们更乐于付出,因为感恩的人更容易体会到付出的愉悦……

亲爱的宝宝,让我们从每天太阳升起的那刻开始一天的感恩吧!

七、一个积极承担的人

亲爱的宝宝,当你渐渐长大,你会发现自己将要肩负越来越多的责任:作为小辈的责任、作为朋友的责任、作为同事的责任、作为父母的责任……有些责任可能很让人煎熬,甚至需要你透支"分外"的心血,但无论多么沉重,只要是属于你的,妈妈就希望你积极地去承担,即使遇到困难也不要退缩。在这个过程中,妈妈可以帮你,但不会代替你;妈妈可能心疼你,但不会允许你逃避,只有这样,你才会在兑现责任的过程中,体验到特定角色的价值,这是我们存在的意义。

八、一个不惧挑战的人

亲爱的宝宝,生活并不是家庭那样温暖的港湾,有时候它会充满阴霾甚至暴风雨。当不幸遭遇了后者,妈妈不希望你逃避,因为逃避意味着你放弃了生活的另一种美丽,那就是在困境中检验自己、证明自己的机会,这种挑战比鲜花来得更为可贵,这也是你成长的必修课。温室里的修炼无法给我们搏击风雨的力量,我们需要在磨难中成长,让我们都勇敢地接受这种挑战,好吗?

九、一个有所敬畏的人

亲爱的宝宝,敢于挑战不等于我们应该藐视一切、排斥古今。一个人只有有所敬畏,才会获得约束自己的力量。这种令我们敬畏的东西,可以是神秘的自然,可以是某种信仰,也可以是某种坚定的信念或某个个人。其实,选择什么来敬畏都无所谓,重要的是我们可以以此来自律,甚至"慎独",一旦我们有了这种敬畏,甚至不需要相互监督都可以做个自律的人,对吗?

十、一个脱离了低级趣味的人

亲爱的宝宝,一个人的信念、爱好和交往决定了他的志趣,在这方面我们一定要有一个高标:宁肯孤独也不要媚俗,身陷囹圄也不要妥协。这不是件容易的事,需要我们不断提高自己的鉴赏力和定力,但妈妈相信你一定能够做到,妈妈也会和你一起努力,就让我们相互激励吧!

附五：无意培养"天才"

在跟出版方讨论书稿时，有一个标题跟编辑老师发生了"分歧"：在涉及桐桐智力开发的那块内容，编辑老师想做"每个孩子都是天才"的文章，而我偏偏极其反对这个概念，希望表达"并非为了培养天才"的育儿理念，虽然编辑老师后来宽容地接受了我的建议，现在我还是忍不住来"叨叨"一下自己在孩子智力开发方面的观点。

应该说，在没有孩子之前，我还是有点"天才教育"情结的，毕竟学了近二十年的教育理论，感觉如果不在孩子身上付诸实践，真是有点对不住肚里的墨水了。之所以近 30 岁时我都迟迟没有做好要孩子的准备，也是因为对自己培养"天才"的能力还不自信。但不经意有了桐桐之后，似乎一下子都变了，原来的天才情结被突如其来的母性给颠覆得烟消云散，如何培养一个健康快乐的孩子一下子成了我生活的中心。虽然我仍然看很多关于智力开发的书，虽然我依然十分重视宝贝的智力开发，虽然我依然在寻找一切机会引导桐桐的智力发展，但初衷已经完全变了，原来的"天才情结"已经彻底见了鬼。现在所有的努力只是为了不浪费孩子的潜能，因为我想做一个称职的母亲，让孩子的智力在应该开发的关键期得到开发，而不至于留什么遗憾。

而且，比之身体健康、心理发育、习惯养成和快乐的生活状态，桐桐的智力开发其实只是我教养中不那么重要的一部分，在这方面，我既没有系统的方案,也没有风雨无阻的计划(因为在我看来,最人性化的智力开发应该是"不教而教"的,尊重孩子爱玩爱游戏的天性的,能够让他们在快乐的生活体验和生命活动中自然成长的),所有的一切都是随机的、随性的,以桐桐的兴趣为转移的。虽然这其中有作为生活背景的声音和图像"灌输",有专门购买的科学教材,甚至有刻意制作的"教具",但所有这一切的存在,都是因为桐桐能从中得到快乐。孩子是最具有好奇心与求知欲的动物,他们的快乐很大一部分来自于学习,桐桐亦然,我乐意以这种方式让她快乐!如果桐桐表现出丝毫的排斥行为,哪怕是再昂贵的教材、再精心准备的教具,我都愿意立马束之高阁。反之,只要桐桐邀请我陪读陪学,哪怕是再忙再累,我都会尽量奉陪到底。只有在她的学习热情影响到身体健康的时候,她的行为才会被叫停,比如,碟片《多拉》虽然有利于她的英语敏感,但会对视力造成负面影响,这种行为就受到了我的严格限制。

　　如此淡化智力开发的强度和地位,并非因为我不再相信每个孩子都可以成为天才,也并不意味着我反对其他妈妈把孩子培养成天才,事实上,我对卡尔·维特等天才的教育很是认同,也一直在桐桐的智育中努力按照可以借鉴的做法行动。但提起天才教育,我仍然不愿意让这个概念跟桐桐的教养发生关联,因为我实在无意、也不希望宝贝成为"天才"。说起来可能有点小自私,谁都知道从社会的角度而言,"天才"可能有更大的贡献,但我的思想似乎尚未无私到这个境界,相比宝贝今后的社会贡献度,我更重视她个人生活的幸福度,而个人幸福与她的智力成就未必成正比;相反,由于我们这个社会尚未形成理性对待"天才"的心态和氛围,往往早慧的天才要承受更大的期待和精神压力,个人的生活自由注定要受到影响,因此我不希望宝贝桐桐经历这种状态。当然,假设她一不小心成了"天才",我也会坦然接受这个事实,并谨慎加强对她的心理素质教育,以免她因了"天才"的名声而经受太多功利的煎熬。

对于桐桐的智力开发,由于我只是在不伤害她身心健康的前提下,在亲子共处的有限时间里做到了随机引导,不曾牺牲自己的工作时间,也不曾借助专业的早教机构(早早上托儿所是因为实在没人带孩子),一个事实也不可回避地出现了:至今桐桐都只是一个有着正常的喜怒哀乐、正常的身心发展节律,或许只是有点小聪明的孩子,她的平凡与普通似乎与《桐桐妈育儿手记》的影响有点那么不相称,以致出版商有点担心因为"桐桐目前还小,没有一系列成绩的支撑,对于一般父母来说,缺乏足够的影响力和说服力"会成为图书销售的短板,我却感到很满足——因为她是那么快乐,只要没有强烈的生理痛苦,她的微笑总是那么自然,那是一种有着发展自由的孩子特有的微笑吧,我常常这样想。

很能理解编辑老师的顾虑,可还是不愿意就此加快桐桐的智育强度,书可以卖不掉,版税可以拿得少,但能够因此成全宝贝的快乐生活状态,我无怨无悔。我想,即使哪一天"桐桐妈"因为育儿手记而成名了,我也不会为了铺垫自己的名声而按照众人的期待去打造宝贝桐桐,亦不希望她因为被人注目而失去自由的生活空间。我只希望她按照正常的节奏安静地成长,有机会经历一个正常孩子必然经历的成长痛苦与烦恼,甚至在不经意的时候带给我困惑与尴尬。我珍惜这样的状态,不是因为这种状态让我有了观察生命本质的机会,而是这样的桐桐,她的生命体验才是丰富的,她的成长轨迹才是自由的,她才更可能成长为她自己,而不是一个虽然风光却失去了自我的桐桐!(事实上,就我个人的观念,让孩子成为她自己兴许比成为天才更可贵!)

附六: 接受《健康准妈妈》的采访

纷享板块:知名育儿专家介绍育儿观点与经验

采访对象:桐桐妈

主题:和孩子一起成长

1. 儿女的成长只有一次,与他们一起成长,是责任,是幸福,也是一门艺术。这门艺术,您认为:作为家长自身该如何修炼?

高超的教育艺术,其实是对孩子身心发展规律的正确把握和对教育方法的熟练运用,所以,修炼这门艺术,没有捷径。首先,需要深入广泛地学习儿童心理学、教育学等知识,以便保证艺术运用的大方向不会有差错;其次,用心观察和体悟艺术运用的对象——自家孩子的个性特点,天下没有普适的教育艺术,适合自家孩子的就是最好的;最后,在不断实践这门艺术的过程中,还要家长根据运用的效果不断反思、改进,否则,相关理论掌握得再多,也只能是纸上谈兵。

2. 家庭教育和学校教育应该如何做,才能达到和谐的统一?

家庭教育和学校教育虽然都指向孩子的发展,却各有所长,不能相互取代,只有在"一切为了孩子"这个前提下,彼此尊重,相互补充,才能更好地作用于孩子的成长。

一般来说,就教育内容而言,学校教育在向孩子传授系统的知识技能方面更有优势,而家庭教育在孩子的性格养成、习惯培养方面责任更大;就教育形式而言，由于学校教育是以集体活动的形式进行的，其教育过程是经过科学设计的，因而在培养孩子的集体生活规则意识方面更胜一筹，而家庭教育是个别化教育，其教育过程更多是潜移默化、随机的，更有助于对孩子因材施教。所以，明智的家长，不会在把孩子交给学校后就做"甩手掌柜"，而会在优势领域常抓不懈，协助学校教育帮助孩子更全面地发展。

3. 个性这东西，一半天生，一半后生。如何塑造孩子积极正面向上的乐观性格？

孩子快乐乐观性格的养成，主要有三个来源，一是父母自身的言行示范，二是温暖和谐的家庭环境，三是情感和心理需求的充分满足。所以，培养孩子乐观的性格，父母首先要加强自身的修养，用乐观积极的为人处世方式感染孩子；其次，营造一个充满爱的家庭环境，给孩子一个健康的成长氛围，一个身心健康的孩子，更容易积极乐观；最后，给孩子无条件的爱，用孩子需要的方式去爱她，一个情感和心理需求得到满足的孩子，更有可能积极乐观地看待这个世界。

4. 您在《从"零"开始做父母》这本书中也写道：快乐情绪是最好的胎教。这种快乐情绪如何保持，也给正在怀孕的准妈妈们推荐几招胎教方法？

快乐情绪的保持，与小家庭的情绪基调相关很大，在这方面准爸爸的配合十分重要：准爸爸要宽容地对待怀孕后容易情绪化的准妈妈，并尽量营造快乐的家庭氛围。同时，由于家庭关系的复杂化可能会挑战原本和谐的家庭氛围，建议准妈妈尽量和老公自己打理自己的日常生活，而不是急于让老人或保姆介入。另外，准妈妈怀孕后最好不要急于告别职场，乐从动中来，保持正常的生活节奏不仅可以让自己由于勤于活动而快乐，还可以因为丰富的交往活动而不至于太寂寞无聊。最后，却不是最不重要的，孕妈妈加强自身的修养非常关键，努力学习情绪管理，不仅对于自己的快乐很重要，对于即将出生的孩子来说,也是最好的礼物。

5. 许多年轻的父母喜欢把自己曾有过的"科学家梦"、"艺术家梦"强加给自己的孩子,使得孩子从小负担很重,压力很大,郁郁寡欢。这种现象,您觉得我们该如何让孩子摆脱压力,从小做一个快乐的人。

当一个人可以做自己想做的事情、按照他自己期待的方式去生活的时候,一般是不会有什么压力的,当然更谈不上什么痛苦。从这个意义上说,如果父母能够做到尊重孩子本来的样子,而不是试图把孩子塑造成父母理想的自己,逼着孩子去实现自己未竟的心愿,那么,孩子就会因为可以主导自己的发展而自行调节内外的压力,这样的状态是让人快乐的。

6. 现在很多事业型的妈妈,在忙于工作的同时深感没有时间兼顾孩子,您觉得这种情况该如何权衡,如何和孩子一起成长?

有没有时间兼顾孩子,其实和妈妈自己的价值取向有关——我们都有这样的体验,自己认为特别重要的事情,总会想办法去做的,因为我们的时间安排,其实最终还是取决于我们自己把什么看得更为重要,如果我们把孩子看得比工作重要,自然会优先顾及孩子,哪怕这样意味着要放弃工作。

我个人认为,新妈妈最好能坚持一个原则:当工作和培养孩子发生冲突的时候,应优先顾及孩子。因为在职场,我们的可替代性是很强的,再优秀的行家里手,离开他单位也一样运转,但对于孩子来说,妈妈的角色却是不可替代的,特别是在他的生命早期,妈妈的陪伴非常重要。工作放弃了,以后可以再找,孩子的早期成长却只有一次,一旦耽误了,很难重来。

其实,即使为了孩子需要放弃工作,也并不意味着妈妈一定会牺牲多少,因为陪孩子成长的过程,往往也是妈妈成长的契机,在教养孩子的过程中,妈妈会有意无意地经历各种磨炼,包括耐心的增强、沟通技能的提高、时间管理能力的优化、爱的能力的长进、朝向宽容和勇敢的转变,等等,这些对妈妈自己的成长来说都是非常重要的,是比专业的知识技能宝贵的素质,也就是说,只要妈妈带孩子时能认真地对待做母亲的这个事业,成长就是一个自然而然的过程。

如果妈妈更有心一点,成长的空间可能更大,可以说我自己就是一个例子。在带孩子的过程中,我坚持不懈地学习教养知识、勤于思考,及时总结经验教训,慢慢成了今天的"桐桐妈"。更重要的是,在跟孩子互动的过程中,遇到亲子冲突时,我不断地自我觉察与反思,在帮她处理各种情绪的过程中,也在逐渐清理自己内在的一些负性体验,由此成就了一个更快乐更博大更喜欢的自己。

7. 介绍您的三条育儿经。

(1)孩子在成长过程中,也许需要许多特别的关照、特别的引导和教育,但决定他们发展状态和性格特征的,主要还是家庭环境的影响。每个家庭出来的孩子,都打着这个家庭的烙印,这是他们人格的底色。所以,给孩子创造一个良好的、充满教育性的家庭氛围,教育就成功了一半!

(2)家庭教育出现问题,大都是父母不了解孩子的心理发展规律、亲子关系存在障碍、父母育儿心态不端正的结果。也就是说,孩子有问题,父母要先学会反思自己的教养行为,没有问题孩子,只有问题父母!

(3)孩子不是照着书长的,而是特定遗传神经类型和在家庭教育环境下的产物,具有千差万别的独特性,不能指望书上提供所有的答案。很多时候,育儿都是父母举一反三、触类旁通的结果。所以,一个善于思考的头脑特别重要,育儿没有捷径,纵然读书万卷,也需要一个不断摸索的过程,找到适合孩子的教育方法,就是成功!

附七：接受《亲子》采访

做好自己是一场修行

编辑/陈诗懿　受访者/房欲飞

我来《亲子》之初，认识的第一位作者就是房欲飞老师。当时，她正为"亲子1+1"专栏写作，为新手父母解答育儿生活中遇到的各种各样的难题。房老师每一篇育儿文章都有着生动的案例与严谨的解析，为家长提供科学实用的对策与建议，让家长们阅读后受益匪浅。她也是读者来信中最受广大家长欢迎的作者之一。这次，非常荣幸能请到房老师，来为我们谈谈她的育儿之路。

一、用笔记录女儿成长的点滴

说起房老师如何走上这条路，不得不提及她的女儿桐桐，正是因为桐桐的无意间的来临，孕育了房老师如今的这条道路——用笔将女儿成长的点滴和自己的发现与感悟记录下来。

谈及初衷，房老师说自己是在朋友的鼓励下，将自己的育儿记录在博客上让人分享，没想到引来许多人关注。在这段时期，房老师出版了《爱出一个好宝贝》，并荣登图书畅销榜。然而她并未趁热打铁多出几本书，而是考虑自己首先是一位母亲，教养女儿是首要任务，写作只是副产品，不能本末倒置；同时，写作也是一件严肃的事情，为出书而出书，将难以顾及写作的质量。

出于种种考虑，房老师没有急于继续整理写作，而是坚持记录观察女儿的成长，并经常与网友交流，解答那些让父母头疼的育儿疑难。渐渐地，房老师发现，很多问题看似与教育孩子有关，实际上却需要从解读孩子特定心理发展阶段的特点谈起，这也成为房老师在心理学道路上孜孜不倦探索的动力。

那么，房老师究竟有哪些教养心得呢？不妨一起来听一听。

二、最好的教育是做好自己

很多妈妈在有了孩子之后，生活的重心就完全转移到孩子身上，从此一切事情都围着孩子转，鲜有时间留给自己，更别提自我的提高与完善。曾经的梦想和愿望早已变得遥不可及，仿佛与当下断裂成两个世界。我常听到做了妈妈的朋友感叹地说："还是单身好！能有自己的时间。"事实果真如此吗？

1. 放手做一个懒妈妈

与房老师聊起这个话题时，房老师谦虚地说：自己是个懒妈妈，从小到大，桐桐自己能做的，基本都放手让她自己去做，节省下来的时间就能用来做自己的事情。这样的结果让双方受益。"常见有家长抱怨孩子太难教育，我自己的体会则是,最好的教育是做好自己。做父母的把自己做好了,一言一行都可以发挥对孩子的正面影响,而孩子是'偷学大师',他们成为什么样的人、养成什么习惯,不是听家长的道理来的,而是学家长的样子做的。"

房老师说起自己写过的几本育儿书,桐桐不一定能看懂,但她很喜欢看里面关于自己的记录。桐桐曾在幼儿园公开课上说:"妈妈是一个作家,长大后我也想当作家。"至今桐桐都有一个作家梦。

2. 别沦为以孩子为中心的家庭主妇

因为热爱心理学,房老师不仅考取心理咨询师,还经常阅读心理学的书籍。日积月累,她越来越了解孩子的心理需求,跟桐桐的沟通也越来越顺畅。平时女儿遇到什么事情,都喜欢跟妈妈讲,因为妈妈能够理解与共鸣,遇到不知所措的事情,她也愿意向妈妈倾诉。

从女儿桐桐身上,房老师看到了自己的成长,这一切都让房老师很感慨:"假设她出生后我把精力都放在她身上,放弃了自己的成长,沦为以孩子为中心的家庭主妇,她还会是现在的样子吗?我不敢奢望。"

三、警惕自己的"未完成情结"

我们这一代小时候,常听父母抱怨说自己生不逢时,没有机会参加高考,或者是有其他种种未达成的心愿。于是,父母总会以此来激励我们,告诉我们不要像他们当年那样,并美其名曰"这是为了让我们少走弯路"。房老师对此又有什么看法呢?

1. 接纳孩子的不完美

"我是一个内向的人,小时候上课不敢发言,有表演机会不敢争取,很羡慕能当众侃侃而谈的同学。因为自己这方面的'匮乏',我希望桐桐是一个外向的孩子。"

说起自家的宝贝,每个家长都希望孩子能落落大方。然而事与愿违,女儿桐桐不折不扣地遗传了房老师的内向,人前特别容易怕羞。最初,房老师每每看到桐桐扭扭捏捏的样子,恨不得替她去说去做。然而,这反而加剧了桐桐的紧张。为了不给女儿压力,房老师放弃对她这方面的期待,转而接纳她本来的样子,没想到这一改变,桐桐变得大胆起来,现在正在读小学的她,已经敢于站在讲台上竞选中队长了!

2. 尊重孩子本来的样子

从桐桐身上的转变,房老师有感而发:养孩子不只是一个技术问题,而是两个生命体的相遇。在这个过程中,成人的生命体验比理论层面的认知更容易影响他,而且这种影响往往是无意识的,因为指引我们教养行为的,往往是我们曾经匮乏、焦虑、未完成的情结。比如,我们年轻时高考失利,就期望孩子能读个好大学;我们内向,就期待孩子落落大方……而这未必是孩子需要的,也未必是他能够做到的。我们却往往出于对孩子的爱,试图按照曾经期待自己成为的完美样子去教养孩子,把他们培养成理想中的自己。孩子做不到,我们的反应还会特别激烈。其实,所有的根源,都是因为对自己的不接纳,想要在孩子身上打造另一个完美的自己。

"孩子虽然是我们生的,本质上他却是一个独立的个体,有权利拥有属于自己的生命体验与成长轨迹。我们可以陪伴,却没有资格要求他活出我们的意志。接纳自己,尊重孩子本来的样子,更容易发现惊喜。"

附八：接受《亲子-Of mom》采访

在全民阅读的号召下，"读好书，好读书"也成了很多妈妈们给孩子树立的目标，作为教育学博士和心理咨询师的桐桐妈也不例外，从小养成阅读习惯的桐桐如今已经步入小学，而桐桐妈也将多年的经验著成新书《"读"出一个好宝贝》。

阅读照耀生活之美

受访者/桐桐妈（房欲飞）　采写/高娟

与桐桐妈约好的是电话采访，虽然未见其人，但闻其声，给人的感觉是相当的亲切。她的声音柔和而有力量，给我一种与电影中心理医生聊天的感觉，此次的采访也让我受益良多。

桐桐妈先后出了几本书，如今新书又面世了，出书的脚步几乎伴随孩子成长的每一步。作为一名教育学博士，桐桐出生后她一直把桐桐的成长当成"课题"来"研究"，并为此考取了心理咨询师的资格，各种学习相伴"研究"之路，就这样与桐桐同步成长，从未停止过对孩子教养的思考，才成就了如今的桐桐妈。

Q：一千个读者就有一千个哈姆雷特，每个孩子都是不同的，新书《"读"出一个好宝贝》在普遍性中是否也具有针对性？

A：给每一个孩子提供一个个性化的解决方案是很难保证的，没有任何一个专家有能力在一本书里做到这一点，这也是我经常提醒家长朋友们不要迷信专家推荐书单的原因。因为读者面的原因和信息量的局限，我在书里提供的绘本选择方案和阅读建议，只能具有一定的普适性，反映的是孩子特定年龄阶段的身心发展规律，但如果指望我所说的每一个点都适合自己的孩子，期望值就有点过高了。我能提供的，只能是相对共性的理念与技巧（再有针对性的书和文章，其针对性也只能做到这个层面），至于落实到某个孩子身上，什么书更适合他，怎么做他才能更喜欢，还需要家长朋友们结合孩子的实际情况进一步思考。因为每个孩子的发展状态和偏好是不一样的，适合自己孩子的才是最好的。最了解孩子的则是每天和孩子生活在一起的爸爸妈妈或其他教养者，让一个没有见过孩子的专家，说的每一句话、推荐的所有的书都适合这个孩子的胃口是不现实的。但我在书里提供了方向性的指导，比如，我在书里分析了每个年龄段的孩子在阅读方面的心理特点，如一岁的孩子喜欢儿歌，喜欢字少图大、页面布局清晰的书等；两岁的孩子喜欢玩弄带有一定翻页、藏画设计的书尤其是立体书，喜欢重复的语言等。家长具体帮助孩子选书的时候可以参照一些这样的原则和大的方向，然后再结合平时对孩子的观察，选择一些更适合孩子偏好或当前发展状态的书籍，比如，如果他喜欢小动物，就选择跟小动物有关的书；如果希望孩子爱上洗澡，就带他看看关于洗澡的书等（但不要借机说教）。

Q：在陪伴孩子阅读的时光中，对您来说最大的收获是什么？

A：陪女儿阅读的收获是多方面的，如果要说最大的收获，我想可以用一句话来概括，那就是：陪读让我能有机会给孩子一种更高质量带有教育性的爱，从而让我有机会跟她建立了牢固而亲密的亲子关系。我是非常重视亲子关系建设的。因为孩子出生以后,亲子关系对他的心理成长发展是非常重要的营养,从功利角度来说,只有亲子关系好了他才能听进去你说的话,就像我们古人说的:亲其师,信其道。关系大于教育。亲子关系密切了,大人好施教,孩子也更有安全感,情绪也可以得到更好的滋养,这样她就可以把更多的心力放在外部的探索上,进而推动心智的发展。这些年我反思教养实践的时候,觉得亲子阅读在这方面的力量非常大,因为亲子阅读往往是在成人的怀抱里发生的,阅读的过程可以让孩子感受到父爱母爱的温暖,而且由于和他读的是同一个故事,亲子之间的交流,也就多了很多共同的载体。现在我和女儿关系很好,我觉得长期的陪读是功不可没的。

Q:一个健康孩子的成长离不开父母双方的照顾,而夫妻间的关系也会影响孩子的心理。如今父亲育儿是热议的话题,在心理咨询师的家中,父亲的角色是否可以淋漓尽致地呈现呢?您是教育方面的专家,对女儿的教育会参与得多一些,在您的家庭里,有爸爸缺位的现象吗?如何将爸爸带入育儿中,您有没有好的经验或者方法让更多的妈妈们分享?

A:在我们家没有,爸爸虽然不陪读书,但是教养的方面还是做得很多很多的。爸爸是一个很爱孩子的人,因为工作离家近、上班时间自由度大,他和孩子在一起的时间比我多,我一般都是早出晚归,接送孩子都是他在做。我觉得父亲是不是愿意带孩子除了和时间有关外,跟他本身的性情很有关系,有的爸爸天生喜欢陪孩子,我们家爸爸大概就属于这一种。当然,妈妈的鼓励与支持也很重要,要想让爸爸多参与育儿,妈妈一定要愿意放手,允许父亲用自己的方式去带孩子,不要总是唠唠叨叨嫌爸爸带得不好,否则爸爸很容易因为"吃力不讨好"而退缩。要知道,孩子总会长大,爸爸妈妈两方面的倾心陪伴比谁对谁错更重要,如果想让孩子尽可能多地得到两方面的爱，妈妈就要放下评判，允许爸爸有自己的陪伴方式，就像妈妈自己也有特定的陪伴方式一样。

Q：您和先生在教育孩子上会有分歧吗？

A：肯定会有分歧的。因为世界上没有两个完全一样的人，哪怕相爱的两个人也不可能完全想到一起去。但是两个人的冲突都是为了更好地爱孩子，所以在爱孩子这一点上我们还是统一的。我能做到的是尽量不当着孩子的面跟先生发生教育观念冲突，如果不可避免当着孩子的面冲突了，事后我也会向孩子做好解释的工作。我会告诉她：我和爸爸出现分歧是因为在这件事上我们的想法不一样，而不是因为我们两个人的关系怎么样。这样，冲突就不一定是坏事了，因为孩子可以从中学到，对于同一件事情，每个人都有自己的思维方式，以后她面对别人的分歧时，就不会很难接受。

Q：从桐桐妈出的第一本与女儿有关的书到现在《"读"出一个好宝贝》，桐桐已经从一个襁褓小婴儿走进了小学课堂。在桐桐妈"粗养·细教·大爱"的滋养下，桐桐一直在快乐地成长着。女儿现在上小学了，您会要求她取得优良的学习成绩吗？

A：我当然期待她能取得很好的成绩，但这个期待更多的不是因为面子问题，而是出于对她心理健康的考虑。孩子进入小学以后，她的主导发展任务就不是游戏，而是学习了。根据埃里克森的心理发展八阶段理论，小学阶段的孩子，正处在"勤奋对自卑"的冲突阶段，如果他能够通过努力学习取得好的成绩，就会获得勤奋感，长大后也会对独立生活和承担工作任务充满信心。反之，成绩不好的话，就会产生自卑感，进而影响今后的心理健康发展。所以，从这个意义上说，我是希望她取得好成绩的，但我不会因为这个给她太大压力，一般只会和她说你学习不需要和别人比，和自己比就可以了，只要每次比上一次进步一点点,只要会做的都做对了,就是最好的。没有说因为考得不好去批评她。

Q:您除了让女儿读书外,对其他方面有要求吗?有没有给孩子报特长班?是如何选择的?孩子自己选的,还是您为她选?

A:女儿的读书,我已经不需要要求什么了,因为她早就养成了良好的阅读习惯,现在已经是一种欲罢不能的状态了。但其他方面我会有一定的要求,我最大的期待是她的心理方面更健康一些,行为习惯方面更好一些,这也是我在教养中最大的一个重点。因为我个人有心理咨询师资格,比较关注心理健康,所以对孩子这方面也比较注重,除了平时尽量接纳他的情绪,还会带他去参加一些儿童心理专家们举办的夏令营、冬令营。这些年我观察下来,因为我自己这方面的兴趣和偏好,她受到的影响还是很大的,这一块我还是比较得意的吧。行为习惯也是,我觉得我自己属于一个行为习惯比较好的家长,所以她受到的影响也是蛮正面的。再加上她和我在一起的时候,我在情绪上也能接纳她,她的心理还算处于很平和的状态,有更多的时间和精力去专注做她喜欢的事,去更多地放到她的行为习惯养成上。也给她报过特长班,因为她自己要求报,不是我们逼着她去的。所以都是她自己选,我们只提供支持。

Q:女儿桐桐已经9岁了,在她的教育过程中您强调的是爱,但每个孩子都有叛逆期,在叛逆期中您是如何展现"爱"的?

A:很多家长都很难接受孩子的叛逆,说到叛逆就恐慌,其实我个人没有把这个问题看得多可怕。孩子的确会在某个年龄阶段容易跟家长对着干,但这不是必然的,如果家长愿意去学习发展心理学的知识,了解孩子的身心发展规律,懂得用孩子需要的方式去跟他互动,那么,孩子是很少有必要跟家长对着干的，即使叛逆，也是能接纳和尊重他的。叛逆期的孩子在被接纳和尊重的时候，叛逆的必要性其实也会少很多。在这方面我个人的做法是，孩子容易叛逆的年龄段，非原则性的问题允许她作自己的选择，哪怕是与我的希望是有冲突的，我也会允许她，接纳她。但是原则性的问题会给她划清界限。比如，如果她的行为会伤害到其他人，我是一定会教育和引导的。

Q：最后，说说您对孩子的期望吧。

A：我希望她是一个特别健康、特别能接纳自己的人，长大能够过自己想要的生活，做她喜欢的事情，如果同时能够为社会作出一些贡献，给他人带来快乐则更好。如果作不了多大贡献，做一个幸福的小女人也是很好的。